商业翻译之道
——视角、思路与方法

Approaches to Business Translation
— Perspectives, Thoughts and Solutions

樊继群 著

北京师范大学出版集团
安徽大学出版社

图书在版编目(CIP)数据

商业翻译之道:视角、思路与方法/樊继群著.—合肥:安徽大学出版社,2022.1
ISBN 978-7-5664-2329-0

Ⅰ.①商… Ⅱ.①樊… Ⅲ.①贸易-翻译理论 Ⅳ.①F7

中国版本图书馆CIP数据核字(2021)第258912号

商业翻译之道——视角、思路与方法

樊继群 著

出版发行:	北京师范大学出版集团 安 徽 大 学 出 版 社 (安徽省合肥市肥西路3号 邮编230039) www.bnupg.com.cn www.ahupress.com.cn
印　　刷:	安徽利民印务有限公司
经　　销:	全国新华书店
开　　本:	170 mm×240 mm
印　　张:	13
字　　数:	217千字
版　　次:	2022年1月第1版
印　　次:	2022年1月第1次印刷
定　　价:	45.00元

ISBN 978-7-5664-2329-0

策划编辑:李 梅 葛灵知	装帧设计:李 军
责任编辑:高婷婷	美术编辑:李 军
责任校对:韦 玮	责任印制:赵明炎

版权所有　侵权必究

反盗版、侵权举报电话:0551—65106311
外埠邮购电话:0551—65107716
本书如有印装质量问题,请与印制管理部联系调换。
印制管理部电话:0551—65106311

前　言

　　翻译作为一种跨文化交际活动，其历史可以上溯至公元前3世纪左右。在漫漫历史长河中，翻译经历了语言学派、文艺学派、哲学学派、功能学派、后现代学派、文化学派等不同研究阶段。不同的学派有时竞相争辩，有时相互印证、借鉴融合。纵观翻译学史，我们不难发现翻译研究越来越务实，研究角度越来越丰富，研究转向越来越频繁。这些变化在很大程度上同商业翻译理论与实践的发展紧密联系。近年来，以高等教育机构为代表的国内外翻译教学培训组织纷纷面向社会提供应用翻译训练，国内外学术界针对以商业翻译为代表的应用翻译展开了广泛的研究，并取得一定的成果。

　　在中国，商业翻译研究正处于发展的黄金期。进入新世纪，中国外向型经济发展更为迅速，经济总量已跃居世界前列。特别是近年来，中国提出的"一带一路"战略和"人类命运共同体"理念顺应了经济全球化和区域一体化的历史潮流，积极推动了中国经济的升级发展和世界经济的复苏。中国在持续扩大出口的同时不断拓展进口空间，从国家战略的高度打造了中国进口博览会等实力平台，向世界敞开大门，积极助力世界经济的发展。蓬勃发展的对外经济交往为研究中国商业翻译理论与实践提供了持久动力，而中国的开放程度、经济发展速度和庞大的经济体量对研究中国商业翻译理论与实践的水平也提出了更高的要求，这对国内翻译学界专家学者来说，既是一个任务，也是一个机遇。

　　回顾古代中国的文明发展史，我们不难发现中国文化历次远播海外几乎都与我国的对外经济活动紧密相关。以商兴文是扩大文化影响力最有效的方式之一。改革开放以来，随着中国经济实力的增长和国际影响力的提升，国内掀起了向世界推介中国传统文化的热潮，在一定程度上推动了中国文化的海外传播。但是，不少专家学者也意识到单纯的文化传播很难改变西方世界植根于东方主义的文化傲慢与偏见。随着中国经济内涵式的发展、科技实力的增强以及中国企业的海外扩张，让世界了解中华文化、理解中华民族的追求也成为了中国企业的使命与担当。一次次的国际经贸活动让世界人民了解了中国产品的质量、中国制造的速度、中国设计的魅力、中国人民的勤奋和责任感，还有中国历史与文化的博大精深。

商业翻译前景光明，而商业翻译研究发展现状不容乐观。从翻译实践角度来说，由于商业翻译人才严重供不应求，目前国内商业翻译行业准入门槛低，缺少认可度较高的商业翻译资格证书考试，已有的翻译资格证书考试侧重宽泛的政经翻译，对译者的商业知识和从业素养考核不够全面具体。此外，国内高校作为翻译人才培养的主力军，虽然纷纷开设BTI（翻译学士）和MTI（翻译硕士）专业教育课程，但总体存在与行业对接不到位、课程偏理论、训练针对性不强、缺乏教学特色、项目教学侧重点不清等问题。从翻译理论研究角度来看，目前商业翻译研究并不系统，研究思路仍在重复以往文学翻译的老路，研究人员本身缺乏充足的商业翻译实践经验，对中小企业关注不足，商业翻译研究外延广度不够，未能充分结合与商业活动密切相关的美学、伦理学、哲学、法学等学科的研究成果。

近10年来，笔者一直从事口笔译实践活动，并系统地接受过外贸行业跨境电商平台操作资格培训，对线上、线下商业翻译活动有一定的了解与认识，发表了多篇商业翻译相关论文。通过参与商业口笔译项目，笔者接触了大量商业翻译案例，接触了一批不同规模的企业，对商业翻译市场需求、商业翻译挑战、行业发展的痛点、商业翻译译者的抉择与困境有直观的了解和一定的思考，这些为本书的撰写提供了素材与灵感。

笔者撰写本书时正值新冠病毒疫情爆发，全球经济贸易活动遭受了巨大的打击。在全球的抗疫斗争中，中国的出色表现让国人为之自豪，中国的经济也随着国内疫情的有效控制而迅速恢复。正是由于中国人的民族精神和集体智慧，中国经济才会在全球经济中发挥越来越重要的作用。"驼铃古道丝绸路，胡马犹闻唐汉风"。在奋力实现中华民族伟大复兴中国梦的征程中，我国的商业翻译理论与实践研究亦前程似锦,大有可为!

  本书系安徽省哲学社会科学规划青年项目的阶段性成果(项目号 AHSKQ2019D123)。笔者在撰写本书的过程中得到了淮南师范学院科研处、教务处等部门的支持,淮南师范学院外国语学院领导及同仁也提供了宝贵的指导和建议。在本书的出版过程中,安徽大学出版社的编辑仔细审阅全文,协助笔者修改完善,解决了各种问题。在此,笔者谨向各位老师表示诚挚的谢意。最后,笔者想以此书献给坚毅的母亲和宽容的妻子,感谢他们的理解与支持。

  由于笔者水平有限,本书难免有疏漏或不足,恳请专家、学者和广大读者不吝批评指正。

樊继群
2022 年 1 月

目 录

绪 论
一、研究背景 1
二、研究目的 2
三、研究方法 3
四、研究意义与创新点 4
五、研究内容及主要结构 6

第一章 商业翻译概述
一、商业翻译概念 8
二、商业翻译的范围及内容 12
三、商业翻译的参与主体 17
四、商业翻译的特征 18
五、商业翻译的原则标准 21
六、商业翻译译者素质 22

第二章 商业翻译译事行为
一、翻译行为概述 26
二、商业翻译译事行为概述 29

三、商业翻译译事行为的政治性 35
　　四、商业译事行为的持续改进 37

第三章　商业翻译价值
　　一、价值定义 44
　　二、价值问题的相关概念 45
　　三、国内外翻译价值研究概述 47
　　四、商业翻译价值的特征与分类 48
　　五、商业翻译价值的实现 51

第四章　商业翻译心理学
　　一、翻译心理学概述 62
　　二、商业翻译心理学概述 64
　　三、商业翻译译事行为主体心理需求 68
　　四、商业翻译译者心理活动分析 70
　　五、商业翻译译者职场心理 77

第五章　商业翻译伦理
　　一、伦理概述 81
　　二、翻译伦理学概述 83
　　三、商业翻译伦理概述 86
　　四、商业翻译伦理关系 93
　　五、商业翻译伦理冲突 98
　　六、商业翻译伦理原则 101

第六章　商业翻译美学

- 一、美与美学 105
- 二、翻译美学概述 107
- 三、商业翻译美学研究内容 109
- 四、商业翻译美学矛盾 118
- 五、商业翻译的审美与美学再造 120

第七章　商业翻译教育

- 一、翻译教育史概述 125
- 二、商业翻译教育的必要性与可行性 131
- 三、商业翻译教育形式与内容 137
- 四、商业翻译教学测评 140

第八章　商业翻译教材建设

- 一、历史回顾 146
- 二、商业翻译教材分类与编写体例 148
- 三、商业翻译教材的理论基础 152
- 四、商业翻译教材建设面临的问题 160
- 五、商业翻译教材建设方向 167

第九章　商业翻译市场化运作

- 一、商业翻译市场 171
- 二、商业翻译产业化 177
- 三、商业翻译机器化 180

四、翻译项目管理 184

参考文献 189

绪 论

经过几十年的改革开放和经济建设,中国的经济总量和经济实力已不容小觑。作为世界第二大经济体,中国对外贸易在结构和效益上还有不少值得优化之处。一方面,中国对外贸易翻译无论从语言质量、文化交流效果、营销活动还是翻译者素质上,都与中国蓬勃发展的进出口业务体量和速度不符。在某种程度上,我国商业翻译理论与实践研究在国家对外贸易发展中并没有完全发挥其应有的作用;另一方面,虽然中国已经在世界政治和经济舞台上发挥着举足轻重的作用,但汉语与中国文化在世界上的影响力远没有达到与政治和经济影响力相匹配的程度。鉴于此,我国对外贸易翻译应本着以商兴文的理念,肩负起讲述中国故事、弘扬中国文化、传递中国精神的光荣使命。综上所述,商业翻译理论亟需纵深发展,商业翻译实践也不应满足于语言的转换和信息的传递。

一、研究背景

在古代,西域各国派使节来中原朝见,密切了中原王朝与西域的政治联系,同时波斯、罗马等帝国也遣使来中国,促进了中西文化交流。古代丝绸之路是中国国际贸易发展的象征,见证了中国文化海外传播的一段辉煌时期,其本身就是以商兴文的最好例证。2013年9月7日,习近平主席在哈萨克斯坦纳扎尔巴耶夫大学发表题为《弘扬人民友谊,共创美好未来》的重要讲话,盛赞中哈传统友好,全面阐述中国对中亚国家睦邻友好合作政策,倡议用创新的合作模式,共同建设"丝绸之路经济带",将其作为一项造福沿途各国人民的大事业。自2013年习主席提议建设"丝绸之路经济带"和"21世纪海上丝绸之路"以来,一个全新的"一带一路"时代已然蓄势待发。伴随着物联网、云计算和大数据的发展,公共资源平台建设开始普及,非遗文化的保护与传承也迎来了新的挑战与机遇。由此可见,新时期中国商业翻译实践若能抓住"一带一路"带来的大好机遇,必大有可为。

改革开放以来,我国国际贸易进出口总额逐年稳步增长,从1978年355亿人民币到1988年的3 822亿人民币、1998年的26 849亿人民币,再到2008年的179 921亿人民币,2018年达到305 010亿人民币,40年间增长了近千倍。我国外贸发展呈现了总体平稳、稳中提质的态势。然而,相比我国对外贸易的高速发展,我国商业翻译的质和量却没有稳步提高。从质量来看,在很多场合,我们常常看到商业文案的英译文本错误百出,有些甚至用拼音代替,而有些英文商业文案的汉译文本聱牙佶屈;从翻译形式和内容来看,商业翻译实践远远落后于贸易的发展,翻译很少体现时代性,没有充分与新媒体技术和互联网科技相结合;从翻译的生态环境来看,商业翻译各参与方对翻译的重视程度不足,对翻译的认识还是停留在文本的转换和信息的传达上,极大地抑制了商业翻译潜在作用的发挥;从商业翻译译者主体角度来看,译者政治意识不足,翻译伦理观念淡薄,美学修养不足。上述商业翻译的种种问题不但会影响商业翻译质量,让其难堪以商兴文的大任,而且对商业贸易的发展有害无利。

二、研究目的

不同于文学翻译,商业翻译本质上属于应用翻译。商业翻译的服务对象必定是跨语言的商业贸易活动,因此本书的研究目的主要在于提升译者的商业翻译水平,以便更好服务我国对外贸易发展,丰富语言服务内涵,推动中国文化对外传播,深化商业翻译研究,拓展翻译研究的新视角和新思路。

首先,本书研究尝试探索商业翻译的现状和新时期商业翻译的机遇与挑战,主要涉及中国进出口对外贸易中发生的翻译活动。同时,本书聚焦商业翻译生态环境,从译者、委托者、受众、原语方商户、译入语方商户、相关媒体等各方的权利和义务来综合考察分析商业翻译的策略选择和价值取向。以生态语境观审视商业翻译问题能够全面系统地梳理商业翻译研究，科学分析商业翻译策略，并有效提升商业翻译水平，更好地服务我国对外贸易实践。

其次，本书将着重从语言服务，尤其是语言营销服务的角度展开商业翻译研究。商业翻译服务商业活动，而商业活动又与营销密不可分，作为商业文本处理行为，商业翻译不可避免地要强调其营销性。从语言营销服务的角度研究商业翻译可以跳出原文本—译文本或原作者—译作者这种较为单一的线性思维模式。译者被束缚的手脚解开了，其视野也不再局限于语言层面，译者会以更加务实的态度思考自己的身份与角色，这就使得商业翻译文本更加灵活。特别对于出口贸易翻译而言，翻译文本除了要准确传达中国商品信息，还要更好地展示中国文化、企业文化和品牌文化，让中国效率、中国作风和中国精神远播海外。

最后，本书从美学、心理学、伦理学、价值论的角度探索商业翻译，突破商业翻译重利轻文的思维模式，旨在提升商业翻译文本的艺术性，增强商业翻译对地方文化的传播作用，探索商业翻译质量评价和监督体制，使商业翻译在利益最大化和公益最大化之间寻求一个最佳平衡点。同时，上述维度的商业翻译研究也可以为翻译美学、翻译心理学、翻译伦理学等翻译研究领域提供更多的应用型案例分析，进一步丰富这些研究的内涵和成果。

三、研究方法

本书以层层递进、由表及里的研究思路为指导，依照"商业翻译的定义推理—商业翻译译事行为分析—商业翻译价值评判—商业翻译译事行为主体心理研究—商业翻译伦理争辩—商业翻译美学鉴赏—商业翻译教育—商业翻译教材建设—商业翻译市场化"为路线图依次展开。

翻译研究来源于实践而又高于实践，商业翻译研究更是如此。回顾过去的一个世纪，翻译研究已经完成多次转向，研究焦点的转移有更多元、更频繁的趋势。多视角探索翻译研究和多方法展开翻译研究对研究成果的丰富和研究思路的拓展确实有积极的帮助，然而十余年前翻译学界就已有人担忧多角度的翻译研究转向在一定程度上造成了学科概念混淆和学术思路混乱，致使理论与实践脱节，实践失去规矩，理论流于形式，连累了翻译教学，误导了翻译实践（曹明伦，2007：7-10）。翻译实践讲求实用、注重实效，过多地纠结于翻译研究不利于理论对实践的积极指导，这一点在商业翻译中更显重要。商业翻译研究亦如此，要讲求实效，不应拘泥于研究的门派和方法的新旧。本着这个原则，本书以描写性研究为主，将逻辑思辨与实证推理相结合，从多学科视角对商业翻译进行回顾和梳理，并阐述个人观点。在此过程中，笔者查阅了大量的文献资料，通过对 CNKI 中国期刊全文数据库精准检索下载、图书馆文献资料查阅和网络资料分析，获取了大量关于商业翻译研究的著作、论文、政府公文、研究报告、媒体报道、企业营销文案、网络媒体广告等信息，并对其进行归类整理和分析总结。另外，由于本书涉及大量商业语言营销服务，笔者还参考了中小微外贸企业的真实案例，获取了相关产品营销开发、客户维护和外语服务人力资源开发的第一手资料。

四、研究意义与创新点

本书致力于从指导实践的角度探讨商业翻译的基本定义、性质、特点及翻译中遇到的美学、心理学、伦理学等相关问题。理论研究的目的并不是要求深求精，而是要对翻译实践有所启发，并能够推动商业翻译目的的达成和商业价值的实现。本书的研究基于笔者多年的商业翻译实践，并借助校企合作实践教育基地积累的外向型企业资源，从口笔译实践和语言营销服务的角度就商业翻译的常见问题进行理论探索和思考。本书的研究意义和创新点相辅相成，主要体现在以下几个方面。

首先，将翻译定义、标准、价值、美学等经典话题赋予商业实用意义。长期以来，翻译定义、标准、价值、美学等话题是翻译理论研究必谈的焦点问题，也是翻译理论界争论的热点。处于不同国度、不同时代和不同学派的翻译研究者提出的观点与主张往往大相径庭，甚至互相矛盾。事实上，指导理论和原则的多样性与不确定性在文学翻译中意味着不同的风格和韵味，而对于商业翻译来说则可能导致低效与混乱。因此，传统学术界的翻译观点可能无法完全顾及商业翻译对效率和效益的要求。本书基于商业翻译实践，参考国内外主流翻译理论，对商业翻译内涵、特征、评价标准及翻译中产生的伦理、价值、美学等问题从商业实用角度进行研究，力图弥合不同学派之间的分歧与争执，将译者主体的注意力引向其相应的角色，以便实现利益的最大化和企业社会责任的履行，并试图在主体能动、客观利益和社会影响之间保持动态平衡。

其次，侧重商业翻译研究的历时性分析，倡导与时代结合的量化描述，注重翻译主体的本源性和延伸性研究。与文学翻译不同，商业翻译时代感强、功利性明显，这要求译者要根据实际情况不断调整翻译策略。以营销文案翻译为例，当原文本信息经过翻译处理进入译入语文化时，译者要用词新潮，贴近生活，符合社会大众的心理关切。此外，作为商业翻译的主要翻译对象，商品和服务的时代更迭性很强，特别是在今天的互联网时代，一种商品或服务从出现到消亡的生命周期只有10年，甚至只有5年。因此，本书对商业翻译策略选择的分析及其背后价值观、伦理观和美学的考量采用渐进式的量化描述。同时，商业翻译译者的身份多元化和复杂化，使得译者翻译时未将所有的注意力都放在信息的表达和语言的转化上。商业翻译对译者自身的译事行为能力和适应能力有着动态的要求，本书以历史发展的眼光看待译者的角色和作用，对译者的"译有所为"和适时而变有更多的宽容和理解，并试图描述译者翻译策略变化，甚至翻译态度转变的背后规律。

再次，充分利用校企合作资源，注重行业一线经验。本书的研究思路主要来自笔者口笔译实践和与外贸行业企业的沟通交流。笔者主持的省级校企合作实践教育基地项目帮助笔者接触大量跨境电商中小微外贸企业。这种类型的企业数量多、比例大，其译者的语言翻译能力和服务质量较差，较能反映目前商业翻译的现状与水平。满足这类中小微外贸企业的现实需求，帮助其解决遇到的难题才是商业翻译研究的意义。基于此，本书的研究内容和思路的确定基于笔者与一线外贸行业企业的语言服务人员、翻译公司的口笔译从业人员、新入职外贸行业的从业人员等相关群体的充分交流，在一定程度上反映了围绕商业翻译的各译事行为参与主体的关切与需求，体现了来源于行业并服务于行业的宗旨。

最后，注重商业背景下的跨学科研究。基于务实研究的考虑，本书广泛借助心理学、法学、美学、伦理学、商学、语言学等学科的相关知识,试图全面具体地分析商业翻译中常见的问题,并提出相应的解决方案。从某种意义上说,本书的多学科研究并不像以往的翻译理论书籍一样有较深的学术性,相反,本书更注重在实践基础上的多学科思考。例如,在论述商业翻译美学时,笔者会兼顾翻译过程中的伦理,以期实现商业翻译道德之美。笔者认为,商业翻译理论对商业翻译实践应具有具体实际的指导作用,而不应使读者困惑于深奥的理论。

五、研究内容及主要结构

本书主要分为十个部分,绪论主要介绍本书的选题缘由、研究背景、研究目的、研究方法、研究的创新点。第一章主要对商业翻译相关的基本概念进行厘清和界定,通过对比商业翻译、外宣翻译和对外翻译凸显商业翻译的营利性和功用性,总结归纳商业翻译的内容和本质,并从商业翻译实践角度探讨了商业翻译参与主体,讨论了商业翻译的特征和原则,进而分析商业翻译译者素质能力结构,为后续章节研究奠定基础。第二章以德国功能翻译理论为话题,引出商业翻译活动中的目的性行为分析;通过梳理总结国内外翻译学界的翻译行为理论研究成果,借鉴比较行动主义翻译理论和译者行为理论,大胆结合法学理论提出的商业翻译译事行为概念,进一步分析译事行为构成要件,对商业翻译译事行为的分析研究采用了历时性手法,强调商业翻译行为除了具有商业性,也有其政治性,并就商业译事行为能力构成和建设展开了有益的探索性研究。第三章开始进入商业翻译的社会学层面研究,从价值角度思考商业翻译的社会意义、策略选择和主观评价;通过分析商业翻译价值特征,对商业翻译中常见的价值冲突进行了系统梳理和思考,主张从主题要素、翻译环境和价值效用三个要件来考量商业翻译价值的实现,并重点探讨了商业翻译价值在译事行为主体间的共享与共创。第四章从心理学角度来分析商业翻译研究,简要论述翻译心理学的历史、研究对象和发展历程;随后从商业翻译心理学定义与特征着手,通过对译事行为主体心理需求分析,一步步导入译者心理活动和心理投射,并揭示译者心理活动过程路线图,分析商业翻译译者职场心理结构,以期从泛化翻译研究的角度探索商业翻译中译者主体的职场心理健康营造与维护。第五章以伦理学为研究视角，聚焦商业翻译中的伦理问题，将研究的焦点放在商业翻译中常见的伦理关系和伦理冲突上；通过对伦理关系和伦理冲突的深入分析，意在呼吁商业翻译研究者重视译者的协调功能、服务角色和商业翻译本身强烈的互动关系，并呼吁译者加强个人职业伦理观建设，客观、公正、自如地应对商业翻译中常见的伦理挑战。第六章商业翻译美学研究继承了传统翻译美学研究的路线与思路，又有所创新，试图弥合物质追求与精神享受之间的矛盾与冲突，重点阐述了商业翻译美在何处、难在何处和商业翻译美学矛盾，并最终将审美和美学再造研究范围缩小至译者主体。第七章回顾了商业翻译教育历史，分析了商业翻译教育的必要性和可行性；简述了商业翻译教育中的测试与评价，就目前蓬勃发展的应用翻译和供不应求的商业翻译培训分享一些思路和建议。第八章简要介绍了商业翻译教材发展历史，探讨了商业翻译教材分类、内容和编写体例，分析了商业翻译教材的理论基础、服务对象和教材建设中面临的问题，并尝试提出了相应的解决方案。第九章为全书的最后一章，以商业翻译的未来发展动向为研究内容，结合笔者翻译经历以及合作企业的翻译现状与需求，采用微观分析与宏观展望相结合的手法，在机器翻译、翻译项目管理、商业翻译人力资源建设等方面展开了具有一定深度的研究和探索，以期引起学术界和全社会对商业翻译健康发展的关注与支持。

第一章 商业翻译概述

中国经济的高速发展离不开世界,一个不断开放的中国对世界经济也作出了不可估量的贡献。中国对外贸易也在加速推进中国融入世界政治经济一体化的潮流。毫无疑问,我国商业翻译未来的发展趋势是在规模上不断扩大,在质量上不断优化。它可以帮助中国文化走得更远,帮助国际社会更加客观理性地看待中国的历史、中国的发展、中国的主张乃至中国的梦想,并营造有利于中国发展的国际舆论环境,帮助中国在国际舞台展现一个合作发展、互利共赢、负责任的大国形象。

一、商业翻译概念

(一)翻译定义

翻译定义的问题是翻译研究的新核心问题之一。对翻译的定义实际上是人们对翻译本质的认识,也关乎对翻译事业及其译者地位的审视。西方自《圣经》翻译以来,各家学派轮番登场,从不同的视角对翻译的定义展开了长期、系统的研究。一般而言,西方翻译史大致可以分为四个阶段,对应四个翻译流派,即文艺学派、语言学派、交际学派和文化学派。这四个流派的划分实际上代表了文艺学、语言学、交际学和文化学四种翻译研究途径。文艺学派产生于现代语言学出现之前,在当时人们对翻译的外延和内涵缺乏统一、深入的认识,对翻译的定义多停留在类比或感性的描述。例如,意大利美学家克罗齐(1983:121)认为:"翻译是把原作放到熔炉中去,与译者所获得的印象融合为一之后,由译者创造出来的新作品。"

好的翻译应该是把原作的长处完备地注入另一种语言，以使译入语所属国家的人能清晰地领悟。文艺学派重视译者在翻译过程中的创造性，强调译文本在意义和风格上务必要忠于原文本，同时也要像原文本一样通顺自然。中国译坛上严复的"信达雅"、傅雷的"神似说"和钱钟书的"化境说"也可以算作文艺学派。如前所述，文艺学派强调译者的主体性和感性体验，缺乏对翻译过程深层次的思考与研究，对翻译的定义和设定的标准缺乏可操作性和指导性。

20世纪50年代翻译开始了一次重要的转向——语言学转向。自索绪尔以来的现代语言学理论被广泛运用于分析研究翻译过程，翻译研究正式成为现代语言学研究的重要领域。这一时期最具有代表性的翻译定义当属英国翻译理论家卡特福特（1965：96）的翻译定义，他认为翻译就是用一种语言（译语）的等值的文本材料去替换另一种语言（原语）的文本材料。美国著名的翻译理论家奈达（1969：12）认为"翻译就是在译语中用最贴切而又最自然的对等语再现原语的信息，首先是语义，其次是文体"。前苏联的费道罗夫（1955：78）认为，"翻译就是用一种语言把另一种语言在内容和形式不可分割的统一中所表达出来的东西准确而完全地表达出来"。中国学者在20世纪80年代将语言学翻译研究途径引入中国，通过介绍奈达、纽马克等语言学派的翻译理论有力地推动了国内的翻译研究。通过语言学研究途径，翻译研究者逐渐弥补了传统文艺派神秘主义和经验主义翻译研究的缺陷，将翻译研究转向语言本体的分析，以译文本是否忠实于原文本，即两种语言的对等或等值作为翻译评价标准，具有很强的操作性和指导性，然而翻译并不是工业量产的产品，语言学派更关注言语生成和转换而忽略了翻译的交际本质。

从本质上说，翻译是人际交流行为，也是语言文化间的交流。交际学派产生于20世纪70年代，其理论渊源来自信息论和社会语言学。奈达早期是美国翻译研究语言派的代表人物，后期借鉴信息论，其翻译研究转向交际，逐步成为交际派的重要代表人物。英国学者哈特姆和梅森（1997：131）认为一切文本都可看成在特定背景下进行的交际活动，所以翻译活动应被视为在某种社会语境中进行的交际过程。国内学者陈宏薇（1997：23）认为翻译是跨语言（cross-linguistic）、跨文化（cross-cultural）、跨社会（cross-social）的交际活动。翻译的过程不仅是语言转换过程，而且是反映不同社会特征的文化转换过程。虽然文艺学派、语言学派、交际学派从不同的视角审视翻译活动，但是他们都将译文本看做原文本的附属品，推崇以原文本为中心的翻译思想。然而，上述三种流派对译者的角色发挥和文化对翻译的影响重视不够。

1990年，苏珊·巴斯奈特和安德烈·勒菲维尔（2010：36）在论文集《翻译、历史和文化》提出翻译的"文化转向"，从此翻译研究开始关注翻译过程中复杂的文本操控现象。翻译文化学派内涵较为丰富，其包含多元系统论、规范论、描述论、操纵论、目的论、解构主义理论、女性主义理论、食人主义理论等多种理论。文化学派的代表人物安德烈·勒菲维尔提出翻译是一种改写（rewriting），受制于意识形态、赞助人和诗学三个系统。赫曼斯（1998：23-46）则提出操控理论，将翻译研究引向翻译与政治、翻译与意识形态、翻译与特定民族文学观念的关系上，提出翻译的功能是"搭桥、摆渡、运送、转播和移动"。文化学派中的规范派代表图里（2001：97）从文化—符号的视角审视翻译，他认为，"翻译是跨越系统边界的行为，是一系列程序；是把作为某一种（亚）文化系统组成成分的符号实体转换成另一种（亚）文化系统的、潜在的构成成分的符号实体"。翻译家韦努蒂（2004：13）从解构主义的角度将翻译定义为"译者在理解的前提下，用目的语中能指链来替代原语文本中能指链的过程"。

综观翻译研究的进化史，研究的途径和视角越来越复杂多样。正因为如此，翻译研究自20世纪70年代以来已成为一门开放、综合、独立的学科（潘文国，2002：31-34）。其研究方法和途径也受到语言学、心理学、传播学、哲学等学科的广泛影响。翻译研究呈现一派多元化的趋势，突破了传统的美学或语言学的模式而上升为一种文化的反思（郭建忠，2000：155）。在这一背景下，国内译学界针对翻译定义的研究也逐渐兴盛。王克非（1997：47-50）认为，翻译是译者将一种语言文字所蕴含的意思用另一种语言文字表述出来的文化活动。黄忠廉（2000：14-15）在《翻译本质论》一书中给出两种翻译的定义，一个是窄式的，一个是宽式的。窄式翻译指译者将原语文化信息转换成译语文化信息，并求得风格相似的思维活动和语言活动。宽式翻译是译者将原语文化信息转换成译语文化信息，以满足读者特定需要的思维活动和语言活动。仲伟合（2015：10-11）在《中国翻译》上发表《对翻译重新定位与定义应该考虑的几个因素》一文，呼吁国内学界对翻译的定位和定义的再认识，并对翻译进行重新定义与定位，了解翻译的特征、翻译的本质和翻译的作用，倡导并关注翻译活动及翻译学科发展的相关变化。

（二）商业翻译定义

目前国内专门研究商业翻译的著作寥寥无几，而涉及商业翻译的教材教辅也较少谈到商业翻译定义。有些学者甚至认为商业翻译定义研究本身没有意义和价值。也有学者提出了翻译与商业翻译的区别，意在指明商业翻译不同于广义的翻译，有其自身的特点。商业翻译是一种语言服务，其内涵和外延有别于传统的翻译。商业翻译的服务本质决定了其质量评价标准有所偏移，即从忠实、通顺转向满足期待、迎合需求。商业翻译的趋利性决定了其时代性。商业翻译会广泛使用信息技术、互联网科技、大数据等现代技术手段。商业翻译也不再停留在信息传播的末端，信息传播的方式不再是先有原文本后有译文本。翻译的运作从幕后走向台前，译文本和原文本同步产生甚至译文本反哺原文本的现象也并不少见。此外，信息的快速传播使得翻译的作用不再局限于语言交流的桥梁，而成为社会思维及文化结构的重要构建要素。据此，商业翻译不同于传统翻译，如果按照传统翻译的定义来审视商业翻译，可能让商业翻译研究误入歧途。商业翻译定义首先要凸显趋利性特征。基于以上分析，本书尝试将商业翻译定义为一种以实现特定经济利益为目的的语言交际转换行为。这一定义主要由两部分构成：语言交际行为是商业翻译的翻译本质体现，而实现特定经济利益是商业翻译的商业本性体现。商业性决定了其交际性，而交际性也是为了实现商业性。商业翻译中商业性居首位，决定商业翻译的策略选择、伦理判定、译后评价等。

二、商业翻译的范围及内容

（一）商业翻译范围

商业翻译是以商业用途文本为处理对象的翻译活动。如前所述，商业翻译和时代的发展紧密相连，新媒体和新技术不断拓宽商业翻译的外延。传统的商业翻译主要包括广告翻译、商务合同翻译、商务谈判翻译、会展口译等。随着现代信息技术和互联网科技的迅猛发展，人工智能翻译、营销翻译和社交媒体翻译也日益广泛应用于商业翻译领域，并成为商业翻译的重要组成部分。这些全新形式的商业翻译为翻译研究带来了许多伦理和价值层面的思考。正确理解这些挑战并找到恰当的处理策略就需要对商业翻译行为及该行为构成要素有清楚的理解和正确的认识。

（二）商业翻译内容

1. 名片翻译

在商务活动中，名片是商业人士社交时不可或缺的用于传递信息的工具。一般来说，名片应该涵盖公司名称、本人姓名、职位、地址、邮编、电话号码、传真号码、电子邮箱等信息。有些名片还会呈现业务范围、企业精神和理念、社交平台公众号和二维码。在国际商务交流中，名片具有语言多样化、内容丰富化、交际功能明确化、设计个性化等特征。在翻译名片时，译者要特别注意专有名词的处理，要客随主便，同时还要注意大小写的使用，既要符合书面写作要求，又要兼顾排版美观。此外，由于名片空间有限，译者要善于使用缩略语，以求尽可能地传达更多的信息。

2. 商标翻译

按照世界知识产权组织的定义，商标是用来区别某一工业或商业企业或企业集团的商品标志。商标最主要的功能就是将一个企业的商品或服务同其他企业的商品或服务区别开来。因此，商标具有唯一性、视觉辨识性和艺术性，商标的翻译虽然工作量不大，但是翻译难度不小。商标词和品牌名主要可以分为普通词汇、专有词汇和原创词汇三种类型。在翻译商标时，译者应遵守与商标相关的国际规范，充分考虑译入语市场消费群体的需求和背景，尽力尊重译入语市场消费群体的语言审美习惯，灵活处理翻译中出现的文化空缺。有学者依据进口贸易翻译服务和出口贸易翻译服务归纳商标翻译原则，认为在出口贸易商标翻译中，译者应该尊重民族心理，把握联想意义；注意政治含义，展示民族文化；语言朴实，文字简洁，易于上口，便于记忆。在进口贸易商标翻译中，译者应该迎合消费心理，精选褒义词汇；切准市场定位，反映商品信息；使译名简短易记，形象生动；尊重民族文化，体现鲜明特色（包惠南，2001：174-185）。

3. 广告翻译

广告即广而告之，英语中 advertise 一词来自于拉丁语 advetere。1645 年"广告"一词第一次出现在英国的一份杂志上。广告的目的是激发潜在消费者的购买欲望，满足其需求，促成消费行为，以实现商家的经济效益。商业广告按照其内容可以分为产品广告、企业形象广告和文化广告。商业广告的主要社会功能包括提供信息、争取顾客、维持需求、扩大市场、确保质量等五项（刘宓庆，2007：325）。商业广告文体是一种商业价值极高的应用型文体，具有简洁性、说服性、审美性、创新性等特征。在翻译商业广告时，译者应遵循文字简洁富有创意、语言通俗不乏美感、充分尊重译入语文化习俗的原则。在翻译策略上，译者可以采用直译、意译、音译、增补、缩译等多种翻译策略。

4. 商务合同翻译

合同可以分为买卖合同、赠予合同、租赁合同、承揽合同、建设工程合同、运输合同、技术合同、居间合同等十三类。其中，使用最频繁的国际商务合同是买卖合同。不论属于何种类型，商务合同在结构上基本包括前言、正文和结尾三部分。作为一种契约性文体，商务合同要逻辑条理清晰、语言务实标准、格式规范严谨。根据这些特点，译者在翻译商务合同时应该注意行文格式，力求表达准确地道，注意专有术语和古体词汇的使用，在概念表述上要注意前后一致，在文体选择上要庄重正式。

5. 商务信函翻译

商务信函是人们互相联系、彼此交往、交流思想、沟通信息、洽谈事务所使用的一种应用文（黎运汉，2005：365），是国际贸易交流中必不可少的沟通方式。得体规范的商务信函能够使企业在国际业务交流中与国外企业建立并保持积极有效的沟通与联系。随着互联网技术的发展，商务信函的功能正在被更灵活方便的在线即时社交软件所取代，然而电子邮件和传真仍然是一种更有法律效力的信函方式。从文体的正式程度来分，商务信函可以分为便函和正式函。便函多以商务交流双方联络感情、拉近关系为目的，主要包括感谢信、祝贺信、慰问信、邀请信等。正式函格式严谨，篇幅较长，内容完整，主要涉及实质性商业事务，一般可细分为建立业务关系类、产品推销类、资信查询类、询盘类、发盘还盘类、订购类、支付类、索赔类、保险类等，覆盖进出口业务全过程（袁洪，2011：144）。在翻译商务信函时，译者要注意行文格式，用词讲究规范地道，细节表达严谨仔细，语气委婉得体。

6. 商务报告翻译

商务报告主要是在企业内部或向社会发布信息，阐述事实，表明态度，以帮助内部员工了解企业情况，便于企业领导层做出决策或向外界宣传、说明、阐释企业相关信息。商务报告可以按照不同的角度分类。从正式程度来看，商务报告可以分为正式商务报告和非正式商务报告；从功能看，可以分为信息报告和分析报告；从目的看，可以分为日常报告、调查报告、可行性报告、进展报告、财务报告、建议书、商务旅行报告等（宋霞，2013：135）。商务报告具有内容准确、简明扼要、结构清晰、建议明确的特点。

7. 企业宣传翻译

企业宣传材料是企业介绍产品信息、企业发展历史、品牌文化、经营理念的对外宣传材料，其目的是帮助公众尤其是潜在消费者更好地了解企业和产品，提升企业知名度和公众形象。中英文语言及文化在企业宣传材料上体现出很大的差异。在内容上，英文宣传材料讲求以事实说话、用数据服人，而中文宣传材料多介绍企业资质，凸显荣誉称号。在语言上，英文企业宣传材料用词通俗易懂，善用修辞，而中文企业宣传喜用排比和口号，讲究气势。在翻译企业宣传材料时，译者首先要正视中英文化及价值观的差异，在忠实、流畅地处理语言间信息转化的同时，要以客户至上的原则生成译文本的文体风格和语气措辞，帮助企业更好地提升语言服务水平。

8. 公示语翻译

随着商业活动的蓬勃开展和国际交流的深入，公共场所公示语翻译也日益成为商业翻译中的一个重要部分。公示语不仅传达信息，而且体现了所在场所的文化内涵和文明素养，是向外界展示形象并宣传自身的有效方式。优秀的双语或多语种公示语是一笔精神财富，也会为所在地区带来可观的经济效益和社会效益。按照语言风格和语气特征，公示语可以分为指示性公示语、提示性公示语、警示性公示语、限制性公示语、强制性公示语、宣传性公示语等。基于以上分类，公示语一般具有引发兴趣、提供信息、加深理解、促进行动、树立形象、服务社会等显著功能。公示语的翻译要本着忠实、简洁、新旧有别、内外有别的原则，可以采用直译、意译、反译、增译、减译、零翻译等策略。

9. 产品介绍翻译

产品说明书旨在通过简明易懂的语言为消费者提供产品的相关信息，帮助使用者了解产品的性质、功能、质量、使用方法、注意事项等。产品说明书内容一般包括产品的工作原理、技术参数、结构组合、安装调试、维修保养等，其文本类型以说明性文本为主。产品说明书从形式上看一般包括手册式说明书、活页说明书、标签说明书、包装说明书、在线虚拟说明书等。说明书一般包括标题、正文、结尾、附录等部分，具有客观性、准确性、专业性、简明性等特点。英文产品说明书在句法上多使用祈使句、假设句和简单句，在语法上多使用一般现在时、被动语态和非谓语动词。产品说明书翻译要注意保持技术与知识的传播性、语言的可读性与感染力、产品信息的完整性，可以采用音译、意译、音意结合、转译等策略。

10. 会展翻译

会展是一种开放性、公众性、规模性的经济文化活动。会展主要分为会和展两部分。"会"指的是研讨会、论坛、年会等。"展"主要包括非营利性展览、贸易展览、消费者展览、综合展览等。会展翻译的应用主要集中在筹备和接待两个方面，大致包括交通类信息翻译、展厅展位信息翻译、会展现场服务翻译、会展相关营销信息翻译和会展相关文书报告翻译。会展英语文体风格严肃但又不乏亲和力，措辞简洁明了，表达凝练高效。会展翻译讲求专有名词客随主便、语句简单易懂、语气庄重严肃，文本类型以信息型和呼唤型为主。

11. 商务谈判翻译

商务谈判指谈判各方为实现一定的经济目的，明确权利义务，化解经济纠纷而进行的双方或多方协商沟通行为。基于商务谈判的性质，此类翻译多采用会议口译或同声传译的形式。商务谈判在语言上具有意思明确、措辞严谨、表达专业、逻辑清晰、反应迅速等特点，对谈判双方的知识积累、心理素质、应变能力、沟通艺术和谈判技巧都有较高的要求。商务谈判翻译对译者的要求则是更进一步。一个优秀的商务谈判译者应具备谈判专家的素质和能力。商业谈判翻译译者除了需要了解谈判业务的来龙去脉和所涉及行业的专业知识与背景，还需要具有优秀的语言理解、快速的表达能力、过人的沟通技巧和稳定冷静的心理素质。

12. 餐饮翻译

民以食为天。中西文化在餐饮上有很大差别。在中国，餐饮聚会被赋予了丰富的社会功能和文化色彩。中国饮食文化讲求感性和口味，以色、香、味、形、器作为饮食优劣的评价标准，对食物的健康和营养关注较少。西方饮食文化则恰恰相反，看中食物的营养价值和成分配比，而较少关注食物的色香味，是一种实用主义的体现。此外，西方餐饮以肉类为主，多为冷食，烹饪手法较为单一，区域性差异不大，而中式餐饮以谷类蔬菜为主，喜热菜，烹饪手段多样，区域性菜系品种丰富。正是由于中西方饮食文化的区别，餐饮翻译具有英译中简明单一、中译英复杂多变的特点。

因此，在餐饮翻译中，译者要认真了解中西菜谱的特点，熟悉其中的文化和特色，多参考相关语言辞典、工具书甚至是网上视频等资源，在充分熟悉菜品的制作流程后，使用恰当的翻译技巧和方法完成译文本。

13. 旅游翻译

旅游翻译是以服务旅游业为目的的应用型口笔译活动，是一种跨语言、跨社会、跨时空、跨文化的交际活动（陈刚，2004：59）。旅游文本具有突出的信息功能、呼唤功能、美感功能、祈使功能和宣传功能。由于中西方文化的空缺与冲突，旅游翻译经常会遇到种种翻译障碍。在翻译专有名词时，译者可以采用音译法和意译法、音意结合法来处理，对于文字信息译者可考虑通过增译、省译、词类转换、同类套用等翻译策略。旅游翻译的最佳境界就是实现原语文化中言美、景美、心美的跨语言再现。

三、商业翻译的参与主体

"主体性"和"主体间性"是源自哲学体系的命题。17世纪法国哲学家笛卡尔的"我思故我在"标志着"主体—客体"二元对立哲学思想的确立，也形成了罗格斯主义的唯我中心认知。20世纪以来，德国胡塞尔等一批哲学家针对二元对立思想的不足，提出了"主体间性"理论，意在强调不同主体间的相互作用和相互影响。在翻译领域，"主体性"研究逐渐形成"作者中心论""文本中心论"和"译者中心论"三类翻译范式，但这些研究范式过度强调某一主体的中心地位，忽视了翻译各参与方的互动联系。国内翻译家们对翻译主体性和翻译主体间性也有较为成熟的论述。谢天振认为文学翻译中的创造性叛逆的主体除了译者，还有读者、接受环境等。许钧教授认为概念整合模式下的翻译过程至少涉及五个主体，即译者、读者、原语作者、文本所涉及的原语和译语。然而上述翻译主体和主体间性的理论研究多集中于文学翻译领域。商业翻译应用性极强，目前已有的五种主体中原语作者和原文本在商业翻译活动中发挥的作用要明显弱于其他主体。另外，翻译活动已进入了全新职业性的发展时期，翻译的主体对象、翻译方法、翻译工具、形式等均发生了根本性改变。文学作品、经典书籍等的翻译工作量较以往大幅度下降。随着人工智能、机器翻译等现代技术的快速发展，翻译产业化进程的推进，专业化的翻译企业相继涌现，翻译服务水平不断提高，翻译发展不断趋向项目化和流水线化，单个译者的行为正变得模糊，译者的主观个体意识呈现客观化和集体化变化趋势（黄燕芸，2020：99-101）。无论是主客体二元对立，还是五种主体间性关系研究，都不足以帮助我们清楚认识商业翻译活动中各参与方之间的动态关系。对一种行为展开研究，确定行为主体及其相互关系是行为研究的首要任务和关键步骤。这里，笔者使用争议性较小的主体参与方来替代翻译主体概念，以求更清楚地说明商业翻译活动各参与主体间特殊复杂的关系。商业翻译是一种社会性极强的翻译活动，其过程涉及原语文本作者、商品或服务生产商、商品或服务销售商、各级销售代理商、翻译活动委托方、译者及翻译团队、翻译软件提供商、译入语文本受众、媒体和译入语相关政府管理机构。与文学翻译不同，这些商业翻译参与方的角色在很多情况下是重复的。为了便于分析研究，本书将上述参与方简要归纳为三方：原语方、译者和译入语方。原语方指所有使用原语工作的参与方，译者指从事两种语言转换的参与方，译入语方是使用译入语工作的参与方。这种划分方法可以清楚高效地将翻译活动各参与方按照翻译的过程较为合理地分类研究，既符合商业翻译各参与方身份重叠的客观实际，又兼顾商业翻译的社会关系复杂、活动超越语言转换的特点。

四、商业翻译的特征

商业翻译特征按其本质可以分为语言特征和非语言特征，语言特征是从词汇、语法、句法、语用角度来观察的，非语言特征是从活动的社会属性角度来探讨的。

（一）商业翻译语言的精确严谨性

商业翻译实践涉及大量的专业术语，翻译内容涉及经济、法律、贸易等多个领域，译者需要丰富的商业知识。例如，在翻译商务合同时，译者要清楚无误地描述合同双方的权利与义务，明确规定各项行为内容，清楚界定合约范围。译者在翻译过程中用词要保持中立，不掺杂个人感情和意志，措词精确、严谨、正式。这需要译者在翻译活动中确保原语信息与译入语信息在内涵上等同，忠实准确地将原语的信息用译入语传达给信息接收者。广告类营销也是商业翻译的重要分支。它主要包括演讲稿、产品介绍、新闻发布会、产品说明书、产品价目表、产品包装文字说明等营销文案。广告营销的目的是宣传服务，让产品深入人心，带有明确的商业目的。营销文本的翻译要有很强的诱导性，用词需仔细斟酌，必要时需要使用具有宣传性的劝诱语言。因此，广告营销类商业翻译要求译文本简单易懂，直击要害。总之，商业翻译的主要目的是准确高效传达原语信息，激发信息受众的消费需求，赢得其信任，并劝说其作出期望的反应。译者在翻译时要不带个人感情因素，语言正式，语气严肃，用词准确。

（二）商业翻译凸显趋利性

商业翻译最明显的特征莫过于其趋利性，这主要体现在活动趋利性、文本趋利性和主体趋利性三个方面。商业翻译活动趋利性指的是商业翻译是一种以营销、销售和盈利为主要目的的社会化活动。正因为活动的趋利性，商业翻译才会比文学翻译更容易引发伦理争议，商业翻译的参与方特别是译入语参与方才会出现政府相关管理机构。活动趋利性的另一个表现就是翻译活动的非文本因素影响的扩大。商业翻译本质是为了服务营销销售行为，为了达到趋利的目的，商业翻译各参与方会超越文本，采用一切形式实现目的。这就让商业翻译活动不仅仅限于语言文本的转换。因此，衡量商业翻译活动是否成功的标准也不仅限于语言翻译的质量。商业翻译各参与方尤其是译者就需要在翻译活动中具有一定的商业意识，尤其是营销思维。文本趋利性主要表现在原语文本和译入语文本都是以商业活动为主要内容上，其中不乏商业经济术语。同时商业翻译文本以营销类商业文案居多，文本的趋利性决定了文本用语多考虑营销效果，可能会忽视语言转换过程中的文化差异。这可能导致符合原语文化价值观的文本经过翻译转换后与译入语文化价值观产生冲突。主体趋利性指的是商业翻译活动各参与方具有较强的营利意识和商业意图。正是由于这种主体趋利性，商业翻译行为才会有种种文学翻译少见的危机、风险和挑战。从积极角度来说，正因为主体趋利性，商业翻译才会充满活力，商业翻译文本才会紧跟时代潮流，具有较强的魅力。主体趋利性会使翻译活动评价标准外显化，推动翻译资源的优化配置和翻译市场的优胜劣汰，历练译者的翻译技巧和翻译智慧，有助于译者的专业成长。从消极角度来说，主体的趋利性会对译者造成更多的干扰，可能会诱使其违反公序良俗和道德法纪。译者自身的趋利性可能会诱使其放弃职业操守，曲解原语意图，甚至片面夸大事实，弄虚作假。商业翻译活动趋利性、主体趋利性和文本趋利性三个方面相辅相成，单独研究其中一个方面而忽视其他趋利性不利于从宏观的角度对商业翻译进行研究，由此得出的翻译策略必定难以较好地达到翻译目标，也不可能实现翻译利益最大化。

(三)商业翻译突出社会性

众所周知，商业翻译是一种社会性极强的翻译活动。商业翻译的社会性主要体现在文本受众多元化、译者身份多样化、各参与方关系复杂化等方面。文本受众多元化指与文学翻译相比，商业翻译文本的传播渠道更广、传播手段更多、受众群体更为广泛。此外，由于大众传播具有商业性，商业翻译文本会有更多的被动受众群体。译者身份多样化是商业翻译社会性的另一个重要表现。由于商业翻译涵盖范围广，难度参差不齐，从事商业翻译的人员呈现背景多样化的特征。在很多情况下，商业翻译由公司营销文案写作人员代劳，这些人员可能并不是英语专业出身，仅仅因为通过了全国大学英语六级考试甚至四级考试就被委以翻译重任。商业翻译也有可能由进出口贸易公司业务员在办理相关手续时代劳。同时，商业翻译背后的跨国商业贸易是一个项目行为，与之相关的翻译也常常按照项目运作执行。商业翻译译者不再是单兵作战，而是团队协作。从文学翻译角度来看，上述这些非主流的翻译行为恰恰在商业翻译中占有相当大的比重。此外，由于机器翻译和人工智能技术的迅猛发展，当今商业翻译尤其是商务口译中机器翻译和人工智能翻译已经不再是新鲜事物了。商业翻译中译者身份多样化造成了商业翻译质量可控性下降，商业翻译译者伦理问题更加复杂。商业翻译过程也是翻译各参与方博弈的过程，翻译参与主体关系复杂。不同于传统的文学翻译，商业翻译参与主体身份重合率较高。例如，译者可能会与产品或服务销售商身份重合，翻译委托方可能与译者重合，原语方也可能会和翻译委托方重合。参与方关系复杂化还体现在关系法律化上，由于商业活动涉及经济利益，各参与方为了明确权利和义务，会以法律的形式对彼此作出约束和规定。此种关系法律化最常见的就是译者的保密协议和翻译质量协议，这在文学翻译中是比较少见的。

五、商业翻译的原则标准

翻译原则标准是中外翻译学界较为关注的热门话题，中外翻译学界在翻译原则标准问题上都易形成较为系统的观点和看法。然而，翻译学界长期以来对翻译标准的讨论较多局限在文学翻译领域，目前对商业翻译原则尚无明确的定论。进入21世纪以来，随着经济大发展和全球化的不断融合，商业翻译原则标准研究逐渐兴起。早在2002年，刘法公教授（2002：44-48）在《商贸汉英翻译的原则探索》一文中提出了商贸翻译三大原则，即忠实、准确和统一；在此基础上有学者进一步将商业翻译原则概括为达意、传神和表形，要做到"入乡随俗"，认为商业翻译应做到术语规范和语气贴切；也有学者尝试提出商业翻译准确性、专业性和循例性原则。准确性原则指的是商业翻译的信息等值性。这就要求译者确保译入语读者通过译文本能够获得与原文本等值的信息，原语信息在翻译过程中能够较为真实地转换为译入语信息。专业性原则指的是原语文本中的专业术语和概念不因翻译活动而走样。译入语文本对其所涉及行业而言具有近似于原语文本的专业性。循例性原则要求译者在翻译实践过程中要遵循业内已有的惯例译法。因此，为确保译文本的专业性和一致性，译者要通晓所译行业领域的背景知识，熟知该领域的专业术语和翻译技巧，并具备较为丰富的行业翻译经验。

综观以上学界对商业翻译标准原则的论述，我们不难发现既往的研究仍限于商业翻译的语言性特征，忽视了商业翻译研究的另一个重要维度——社会属性。作为一种社会性极强的应用翻译，商业翻译实践也要遵循保密原则、合作原则和利益最大化原则。商业翻译译者在翻译活动中或多或少要接触商业交易内幕信息、产品技术专利、企业商业活动计划、重大人事变动等商业机密。保密原则的重要性在某种意义上不亚于上述的语言类原则。它的现实意义绝不仅是管束或规范译者。在商业翻译中，针对译者的保密协议的签订、法律责任的明确以及相关参与方自有翻译团队的建设正是保密原则的体现。同时，在商业活动中，尤其是商务谈判中，商业活动参与方或商业同行也会诱使译者泄密，引发商业翻译活动译者伦理危机。商业翻译是一种多方目的性较强的社会活动，译者在翻译过程中需要遵循合作原则。这里的合作原则要求译者要保证信息的真实性，得体、清晰地表达信息，避免语义歧义。此外，合作原则从社会关系上要求翻译活动的各参与方能够融洽相处。按照此前翻译主体的划分，译者要维持与原语方和谐的合作关系，要忠于原语方的内容信息，更要忠于原语方的目的和真实意图。译者要维持与译入语方融洽的合作关系，就要了解译入语方的需求与期待，尽量满足其需求，并在翻译活动中为其创造美的感受和良好的服务体验。原语方和译入语方要维持良好的合作关系，就需要原语方持续了解译入语方的关切和兴趣，并不断满足其内在需求。译入语方要能够认同原语方的产品文化和企业价值观，信任其产品服务质量和商业决策。同时译者要善于挖掘原语方的个性化优势，洞悉译入语方的市场动态、需求变化等信息。与其他翻译相比，商业翻译最有特色的原则是利益最大化原则。利益最大化原则指的是商业翻译要追求经济利益的最大化，通过商业翻译，各参与方能够实现自身利益的最大化，例如在商业买卖中卖方能够获得最大的收益，买方能够获得性价比更高的产品或服务。利益最大化原则是一种共赢共生的状态。最佳的商业翻译不但满足买方和卖方的利益最大化，还满足译者的利益最大化和贸易背后两种文化交流的收益最大化。利益最大化既体现在物质利益上，又体现在效率上，高效的商业翻译对其各参与方来说也是一种利益的最大化。实现高效的商业翻译不仅需要译者专业的语言技能、丰富的背景知识储备和敬业的职业精神，还需要其他参与方协同努力。这样的商业翻译就是一个可持续发展、良性循环的活动。

六、商业翻译译者素质

鉴于商业翻译的特点，商业翻译译者素质主要包括专业素质、职场素质、政治素质和道德素质四个方面。

（一）专业素质

商业翻译译者的首要专业素质是过硬的语言功底，这要求译者具备扎实的语言基本功，熟知英汉两种语言特点，具有丰富的词汇储备、近乎母语使用者的良好语感、灵活的口头和书面表达技巧。此外，译者还要有较为丰富的知识储备。在商业翻译中，尤其是商业口译中，译者必须掌握丰富全面的百科知识，通晓国际时事、政经商贸、历史地理、社会文化、国情民俗、法规政策等方面的基本知识。商业翻译译者的专业素质还应包括良好的翻译理论修养。一名合格的商业翻译译者应该熟练掌握翻译基础理论，对应用翻译特别是商务英语口笔译理论有所了解，并积极运用理论指导实践，使翻译策略选择从自发状态走向自觉状态。最后，合格的译者也要有丰富的实践经验。商业翻译涵盖范围很广，见多识广的译者自然能够胜任不同场合的商业翻译任务。因此译者的功夫需要用在平时，除了在自己较为熟悉的商业领域多加练习，还要不断尝试探索新领域的商业翻译，不断适应快速变化的行业和市场需求。

（二）职场素质

商业翻译译者要具备良好的职场素质。职场素质包括健康的身心素质、高效的工作效率、强烈的营销意识和良好的跨文化沟通技巧。译者要有健康的体魄和冷静的心态。翻译是一项耗时费脑的工作，商业翻译译者由于项目工期、合同变动、地区时差等原因，经常面临加班赶进度等高强度工作要求。体质不好的译者很难长期从事商业翻译活动。在商业翻译中尤其是商业口译中，译者经常需要出入星级酒店、大型展会和发布会、高级商务谈判现场甚至是国内外媒体见面会，需要面对大量陌生的听众。这需要译者具有较强的抗压能力，保持心态稳定和头脑清醒，有较好的控场能力和应变能力。商业翻译译者要有高效的工作效率。商业翻译讲求时效，商业翻译译者要干练利落，切忌拖拖拉拉，低效懒散。译者还必须有认真的工作态度。译者在翻译活动开始前查阅背景知识，熟悉专业术语，在翻译过程中要一丝不苟，认真对待每一处细节，在翻译活动结束后及时反思、梳理和总结。商业翻译译者在工作中还要具有强烈的营销意识。不少商业文本属于营销类文案，这要求译者充分发挥译者的创造性，以市场营销的视角去思考文本的翻译。商业翻译特别是营销类商业翻译已经超越语言文字的转换，译者也经常身兼数职，有时候图片的选择和营销活动的设计都需要译者参与。单纯只会语言文字转换的译者可能会被市场所淘汰。同时，译者还有具有良好的跨文化沟通技巧，尽量减少文化间的交流失误，增进双方的相互理解，最大程度地实现双方商业交流的目的。

（三）政治素质

翻译活动具有政治性，商业翻译也不例外。其强烈的商业趋利性带来的潜在问题和危机更需要译者正确的政治立场和政治意识予以规避、克服。在思想政治素质方面，译者要对党和国家的方针政策有正确的了解，具有强烈的民族自尊心和文化自信心。由于商业翻译涉及各种各类外国人员和商业机构，译者要注重政治信仰的培养，坚定政治信念，遵守国家法律法规，坚守国家行业秘密，自觉抵制西方意识形态的侵蚀。同时译者应该有强烈的民族自尊心，深深热爱自己民族的文化。民族自尊心是一个民族持续发展和长盛不衰的内在动力。文化自信是一个国家、一个民族对自身文化价值的充分肯定，对自身文化生命力的时代理念和自身文化改革发展的坚定信心。商业翻译是一种以贸易为纽带的文化交流，在此过程中译者难免遇到以东方主义者为代表的大国主义者和民族主义者。商业翻译译者在翻译实践中要本着平等互利的原则对待文化交流和文化竞争，并在推动中外贸易的同时积极传播中国文化、展示中国形象和彰显中国精神。一个对自己的祖国和民族文化没有感情的译者不会得到别人的尊重，也不可能实现中外双方平等互利的商贸交流。

（四）道德素质

任何翻译活动都需要译者有着基本的道德品质和职业操守，以实现经济利益为主要目的的商业翻译更是如此。商业翻译译者要有正确的价值观。在商品经济时代，物质利益诱惑不断冲击着人们的价值观，腐蚀着人们的灵魂。在物质利益面前，译者要坚守初心，自觉抵制诱惑，努力做好商业交流双方的桥梁和纽带。在对待商业翻译其他参与主体时，译者不应为片面追求经济利益而弄虚作假、夸大事实，也不应为一己之私，泄露交易双方机密，损害他人利益。在对待翻译文本上，译者要尽其所能理解原文本语言，准确把握原文本作者意图和文本功能，忠实、通顺、有效地传达信息。译者不能弄虚作假，偷工减料，糊弄客户，也不能选择抄袭剽窃，侵犯他人知识产权。

总之，商业翻译的长期健康发展需要一支高素质、高水平、专业化的译者队伍，相关政府部门和行业协会需要健全监督机制，形成系统有效的翻译评价制度，优胜劣汰，规范行为，确保商业翻译积极推动我国对外贸易的健康持续发展。

第二章　商业翻译译事行为

商业翻译是一种具有明确目的的社会行为，涉及较为复杂的社会关系，行为主体具有强烈的动机和意图。商业翻译研究要对翻译活动作出较为具体系统的界定，理清各主体的行为关系，辨明翻译活动的性质，进而以较为全面的视角和辩证的逻辑审视商业翻译活动和翻译策略选择。本章从翻译行为、译者行为等概念入手，结合商业翻译的特点对翻译活动进行系统的分析论证，以期寻找商业翻译策略研究和翻译评论的合理路径。

一、翻译行为概述

从哲学本质上说，翻译是一种体现社会关系的行为。关于人类行为研究，学术界有三种互补的主流视角。生物学主要通过脑神经学、生理学、遗传学、内分泌学和进化论来解释人类行为，认为行为受体内生理、化学和生物过程的控制，并体现进化的过程。心理学主要从行为主义、认知理论、心理动力学和人本主义出发，认为人的行为是对信息的心理加工过程，受环境的影响和制约，并受到人个性深处潜在或无意识的力量的驱动，反映个人的自我形象、对外界的主观认知和个体发展需要。在社会学家的眼中，人的行为受社会文化背景的影响，对个体行为的考查绝不能脱离社会环境和社会关系。在翻译理论研究中，功能翻译理论较为系统地论述了翻译是一种有目的的行为。20世纪80年代德国翻译理论家弗米尔和赖斯创立了目的论，该理论摒弃了以往等效论的传统研究视角，以目的为研究焦点，将翻译活动置于行为理论和跨文化交际的框架中进行分析研究。目的论视翻译为一种跨文化的交际行为。行为具有目的性,翻译行为亦是如此。目的决定行为,行为是实现目的的手段、策略或途径。

(一)翻译行为

德国功能翻译理论发展到第三个阶段,其理论代表人物贾斯塔·霍兹·曼塔利(1984:12-21)提出了翻译行为理论(Theory of Translational Action)。该理论认为跨文化背景下的翻译是一种"受目的驱动,以结果为导向的人类互动行为"。翻译行为理论借用交际理论和行为理论的概念,用"翻译行为"代替"翻译",强调翻译行为的多角色参与性,旨在实现信息在不同文化和语言间的转换,是一种目的驱动、结果导向的交际行为。翻译行为理论主要聚焦翻译过程行为、翻译参与者角色和翻译发生环境三方面,翻译参与者主要包括翻译行为发起者、委托人、中介、原文本作者、译入语文本作者(译者)、翻译团队、译入语文本使用者和其他翻译活动利益攸关方。上述这些参与方在参与翻译活动时都带有各自的目的和立场,他们的目的可能重合,也可能不同,甚至相互冲突。翻译行为理论提倡为译入语文本接受者提供一个功能性的交际文本,主张翻译过程中要引导参与者进行潜在的合作,跨越文化障碍,促进功能性的交际。

此外,其他西方翻译理论学家也针对翻译行为发表过经典的论述。翻译研究"文化转向"的代表人物勒弗菲尔主张将翻译行为视为一种社会文化行为,认为翻译行为不仅受到"来自文学系统内部,包括由'文学评论家、教师、译者'在内的专业人士的操控,也受到来自系统外部的'赞助人'的操控,即'促使或阻碍文学阅读、写作或改写的各种势力(人或机构)',如'个人势力、宗教集团、政治团体、社会阶级、皇家宫廷、出版社、传媒机构'等也会操控翻译行为"(梁志坚,2006:33)。Wilss(2001:51-82)从语言学角度将翻译行为归纳为语际文本分析与文本综合行为,Tymoczk(2002:85-91)等从政治学出发,认为翻译行为本身就是一种政治行为,Baker(1997:1-11)从社会学角度将翻译行为界定为特定社会文化情境中的规律性活动。相比国外较为丰富的翻译行为理论,中国翻译学界对翻译理论的关注较少,受其影响不大。罗选民(2012:1-6)将翻译行为定义为

"翻译不仅仅是一种语言行为、艺术行为,它还是一种伦理行为、社会行为,为目的所控制",即从行为学的角度将翻译视作翻译行为。郭建中(2000:160)提出翻译具有工具政治性和主体政治性的特征,是一种独特的文化政治行为。姜秋霞(2002:11-15)将翻译行为分为语言、文化、审美、转换等四种与翻译能力相对应的行为。钱春花(2019:51-163)借用行为主义研究范式和方法,探索翻译过程中译者行为的构成因子及影响翻译行为的外部因子和作用机理,建立基于翻译行为的翻译能力模型,并提出持续提高翻译质量、提升翻译能力的具体策略和建议。

(二)翻译行为相关概念

1. 行动主义翻译

行动主义(Actionism)又称"维也纳行动主义"(Viennese Actionism),指20世纪60年代在奥地利首都发展起来的一种暴力、激进和直白的行为艺术形式,表达人们对奥地利社会战后的保守的强烈不满。后来行动主义突出人的精神生活的能动性,精神生活是感觉经验以外的存在,它不断运动创造。20世纪六七十年代行动主义理念伴随世界各地大规模的社会运动广泛传播,行动主义理论渐渐被应用于指导管理学、政治学等学科研究。2010年美国马萨诸塞大学比较文学系教授铁木志科(2010:57-112)根据马萨诸塞大学国际翻译研究讲座编撰出版《翻译、抵抗、行动主义》(*Translation, Resistance, Activism*)一书,将行动主义与翻译行为紧密结合,通过个案分析阐述了行动主义翻译为实现各自目标所采取"抵抗""介入"等干预策略。这些策略从拒绝翻译到增译、减译,形式多样,体现了译者的意志,更反映出译者的决定和选择取决于译者翻译时的意识形态、政治和文化语境,以及译者在其中的从属地位(倪秀华,2013:66-71)。由此可见行动主义翻译强调的是译者及其翻译行为的积极能动性和社会参与性。但是,由于行动主义翻译有很强的时空限制性,并受具体社会环境的影响,因此并非所有的行动主义翻译的目标都能体现积极能动性,其具体策略有较强的混杂性、偶然性和应时性。

2. 译者行为

近年来，国内关于译者行为研究的影响越来越大，并形成了一定的理论。该理论的代表人物——扬州大学周领顺教授（2014：25）认为，"译者行为指的是社会视域下译者的语言性翻译行为和社会性非译行为的总和"。其中，译者是具有意志目的的翻译人，译者行为是一个连续有规律的行动。译者行为理论认为学界对翻译行为的研究存在概念泛化的问题。为解决这一问题，周教授（2014：73）将"译者行为"进一步划分为"译内行为"和"译外行为"，广义的译者行为包括译者的语言性翻译行为（译内行为）和翻译以外的社会性行为（译外行为），而狭义的译者行为仅仅指译者身份和译者角色上的翻译行为。翻译行为研究存在概念泛化，翻译行为涵盖过多，不仅涉及译者，还覆盖了赞助人、出版商等干预翻译活动的主体，容易混淆对翻译行为本身的探讨。"译者行为"便是融合"译内行为"和"译外行为"的概念范畴体系，其目的便是将语言层面上的研究问题交给语言学范畴，将语言学无法解释的社会层面的问题交给社会学范畴（赵国月，2018：13-23）。2019年4月26日至28日，《北京第二外国语学院学报》编辑部主办了"全国首届'译者行为研究'高层论坛"。论坛吸引了来自全国90余所院校和科研机构的200多位教师和学生，与会专家学者围绕"译者行为和翻译研究的新趋势"这一主题各抒己见，热烈交流。笔者也有幸参加了这一盛会。论坛研讨丰富，拓展了译者行为研究的研究内容和路径，与会学者通过例证，阐述了译者行为理论在文学翻译领域、应用翻译领域、口译领域等领域的应用价值和指导意义。

二、商业翻译译事行为概述

如前所述，翻译活动是一种有目的的行为。这种行为在中西学界有不同的名称和概念定义。名称的不同和概念定义的差异归根结底反映的是各派各家审视翻译活动的视角和立场的不同。虽然各家各派在翻译活动的表述中都提及对应用翻译的研究和关注，但总的来说针对翻译活动本身的研究还是局限在文学翻译视域。商业翻译由于具有明显的社会性和趋利性，对其翻译活动行为的研究必然要充分考虑译者所在的社会环境、所处的社会关系、面临的外部干预等因素。在某些情况下，译事行为可能更具有研究价值和意义。从法律角度来说，商业翻译行为是一种民事法律行为。本书尝试借用民事法律行为概念，以译事行为来指代商业翻译活动中的翻译行为，意图强调翻译活动中的非译者因素及翻译活动各参与方的意愿和动机。笔者认为从法律视角研究商业翻译行为活动有利于更好地强化译者的职业资格意识，更加客观有效地评价译事行为、划分各参与方的责任与义务和明确各参与方的利益关系，有助于引导人们思考译事监督、评价和追责体系的形成与完善。

（一）商业翻译译事行为构成要件

一般来说，在法律中民事法律行为的成立一般需要三个要件：当事人、标的和意思表示。民事法律行为生效需要四项要件，即当事人需有相应的民事行为能力；意思表示需真实；标的需合法；标的需确定。这其中，标的合法是指不违反法律强行性规定及公序良俗（梁慧星，2017：173-174）。当事人指的是进行特定民事法律行为的民事主体。当事人意思表示是指表意人将其期望发生某种法律效果的内心意思以一定的方式表现于外部的行为。民法中关于民事法律行为构成要件的法律规定对商业翻译译事行为的研究具有一定的借鉴意义。民事行为能力人根据当事人的（以自然人为例）年龄和意识状态可以分为完全民事行为能力人、限制民事行为能力人和无民事行为能力人。按照这一理念，商业翻译译事行为能力人也可以按照职业资格和执业记录确定行为参与资格。意思表示由目的意思、效果意思和表示行为构成。目的意思是指民事法律行为是标的具体内容的意思要素，它是意思表示据以成立的基础。效果意思是当事人欲使其目的意思发生法律效力的意思要素。表示行为是指当事人将其内在的目的意思和效果意思以一定的方式表现于外部，为行为相对人所了解的行为要素。

笔者参考民事法律行为构成要件尝试提出商业翻译译事行为的构成要件，即翻译参与主体、翻译任务和翻译动机。这种提法不仅着眼于翻译的语言或文化属性，它更多考虑了商业翻译的社会属性。其中动机要素对于商业翻译责任归属、质量评价、译者规范等方面的研究具有重要意义，也是翻译实践中译者充分权衡和灵活处理的依据。本书第一章已经分析了商业翻译参与主体，由于其涵盖范围较广，本书将其按照翻译活动的三段分为原语方、译者和译入语方。由于商业翻译的独特特征，商业翻译的翻译任务不同于一般的文学翻译。商业翻译的市场指向明确，并具有很强的趋利性，因此商业翻译的翻译任务不止于商业文案的文字转换。这种变化也反映出商业翻译译者身份的多样性。例如，当今外贸出口业务在很大程度上依赖跨境电商，过去传统的展会口译和现场谈判也逐渐为跨境电商平台交易所取代。在很多外贸公司，译者不但要负责营销文案的翻译，还要兼顾店铺产品关键词的设计、产品图文设计甚至是图片的拍摄。这些看似与语言翻译活动不相关联，却在实际工作中与商业翻译译者紧密相关，并直接影响语言转换活动效果。考虑到这一点，本书认为商业翻译译事行为中的翻译任务不但包括基本的语言文字转换，还包括与翻译相关的非语言信息的转换和表现活动。

美国心理学家伍德沃斯首先将动机应用于心理学研究。他认为动机是决定个体行为的内在动力，激发和维持个体的行动，并使行动朝向一定目标的心理倾向或内部动力。翻译动机是极为复杂的依附于翻译主体的心理和意识形态现象。目前翻译学界对翻译动机的研究视角广泛，有学者针对特定译者例如林纾、郁达夫等的翻译动机展开研究（韩洪举，2002：9-12）（胡婷婷、张德让，2004：35-39）；也有学者关注翻译动机对实践的影响，例如翻译动机对翻译个体和群体的影响，译者动机对译文本风格形成的影响；也有学者从某一理论出发研究具体翻译事件中表现的翻译动机，例如从翻译的文化交流观和文化认知容忍度探讨英语专有名词重译的动机，从目的论探讨广告翻译动机；也有学者对翻译动机进行了泛化研究，例如对翻译动机进行分类，探讨译者动机与翻译的关系等。

在目前的翻译动机研究中，有相当数量的学者从美国著名心理学家亚伯拉罕·马斯洛的需求理论入手，分析翻译动机背后的驱动因素。在马斯洛的需求理论中，人的基本需求被分成七个方面，即生理需求、安全需求、归属与爱的需求、尊重需求、认知需求、审美需求和自我实现的需求。在这七个需求中，认知需求、审美需求和自我实现的需求是满足个人潜能的需求，属于高层次需求。有学者认为翻译活动主要受这些较高层次需求的驱动，因此认知需求、审美需求和自我实现的需求是翻译活动的主要动机。在翻译动机问题的研究上，翻译学界目前还是将目光更多地停留在文学翻译上，对应用翻译的翻译动机分析较为散碎，不成体系。笔者认为，基于商业翻译的性质和特征，商业翻译实践中的翻译动机成因主要包括译者的生理需求、安全需求、尊重需求、认知需求、审美需求和自我实现需求。其中，生理需求和安全需求在商业翻译中体现最为明显，译者的翻译是其安身立命、养家糊口之本。尊重需求也是影响翻译动机的重要成因。商业翻译具有广泛的受众面和明确的目的，译者在具体翻译实践中对自尊自重和来自他人的尊重的需求更加强烈。认知需求在商业翻译中体现在译者需要通过译文来传播商业信息，唤起受众的消费欲望，而审美需求在商业翻译中体现在译者通过译文让受众有美的感受，认同商品或企业价值观，并获得良好的体验。自我实现需求在商业翻译中经常体现在译者将翻译任务的圆满完成视为职业目标实现的重要动力。在中小外贸企业，商业译者一般身兼数职，翻译表现很大程度决定了综合职业能力的高低。在商业翻译译事行为中，翻译动机是对于翻译活动各参与主体而言的动机，因此，除了有译者的翻译动机，还有原语方和译入语方的翻译动机，这些动机相互作用，共同影响了译者翻译策略的选择和翻译行为的质量。译者应在翻译实践中充分发挥主观能动性，充分了解各方动机，合理判断，正确权衡，确保译者在商业翻译译事行为中的中心地位。

（二）商业翻译译事行为影响因素

近年来，国内学者对翻译活动的影响因素研究尚未形成体系，少有学者对翻译活动的影响因素做细致的专题研究。目前的相关研究散碎，提及的翻译活动影响因素主要包括意识形态、翻译动机、翻译能力、委托人和读者、行为特征、原语语篇、译者心智、心理素质、译语文化、译者意向、历时语料、翻译创造性、文化差异性、翻译策略、翻译行业和产业。

相比而言，商业翻译译事行为影响因素的研究可能更加复杂。商业翻译译事行为影响因素的研究可以从很多视角展开，笔者无意穷尽所有的影响因素，拟从参与主体、翻译过程两方面进行论述，尝试从不同的角度将译事行为的影响因素加以分类，以期更好地指导商业翻译策略的选定，更科学客观地对商业翻译参与主体的译事行为进行评价，更有效地探索商业翻译译事行为改进和译者翻译能力建设。

1. 参与主体维度

商业翻译译事行为的影响因素可以按照参与主体进行分类，即原语方因素、译者因素和译入语方因素三个部分。与文学翻译或其他类型翻译不同，在商业翻译中译事行为的影响因素作用权重变化性较大。

（1）原语方因素

在商业翻译中，原语方因素发挥的影响比在文学翻译或其他类型翻译中大。原语方因素主要包括原作者目的、原语方委托人的意愿、原语文化的影响力、商品或服务自身特性等。这些因素会对商业翻译译事行为产生不同程度的影响。译者在翻译时必须要考虑这些因素，适时调整自己的翻译策略。

（2）译者因素

译者是翻译活动的中心主体。译者因素在翻译活动中发挥着非常重要的作用。这些因素主要包括译者的动机、译者的能力、译者对商业活动的认知、译者的性格、译者的创造力、译者团队凝聚力和协作力、译者与其他参与方的关系、译者对原语文化和译入语文化的认知等。这些因素与译者的伦理、审美和政治责任息息相关，也是本书后面章节研究的重点方向。

（3）译入语方因素

商业翻译的译入语方是商业翻译服务的主要对象，译入语方因素是翻译活动不可忽视的因素。在实际的商业翻译中，译入语方因素包括译入语受众的消费需求、商品或服务市场细分群体的教育背景和经济状况、译入语文化、译入语方委托人意愿、译入语方媒体传播特征等。

2. 翻译过程维度

任何类型的翻译都可以按照翻译的自然过程分成译前、译中和译后三个阶段。国内有学者在这个维度上进行了细致入微的研究，并针对不同的翻译参与主体进行了一定规模的调查分析。基于前人研究，并结合商业翻译实际特点，本书认为商业翻译译事行为影响因素主要包括三个方面。

(1) 译前因素

在商业翻译开始前,翻译参与主体会做相应的准备活动,主要包括原作者原语文本的撰写、翻译委托人翻译任务的确定及译者的挑选、译者对翻译任务的认知和对相关商品或服务的认知、译者译前准备、翻译中涉及商品或服务在译入语文化中的价值和地位、译入语政治经济文化环境。

(2) 译中因素

在商业翻译过程中,译中因素对翻译活动的影响较为持久。商业翻译中的译中因素主要包括译者的能力、翻译参与主体间关系和翻译参与主体的动态要求。首先,译者能力是影响翻译活动的关键因素,主要包括译者的语言能力、非语言能力等。译者能力对译事行为的持续改进有积极的推动意义,本书下一节会详细叙述。在翻译过程中,商业翻译各参与主体间关系也是影响翻译活动的重要因素。商业翻译各参与主体的利益诉求可能不尽一致,甚至互相冲突,各方如能积极努力,构建和谐协作的共生关系,就能够最大程度地保证翻译的质量和效果。在商业翻译中,各参与主体的要求也在不断变化中,译者作为翻译活动的中心操作者要不断回应各方的关切和要求,不断调整翻译策略,调和各方利益,尽可能地实现各方需求的动态平衡。

(3) 译后因素

由于商业翻译具有较强的应用型和趋利性,译后评价是整个翻译过程的重要一步。在译后阶段,影响翻译活动的因素也有很多,主要包括市场反馈、各方评价和译者自我反思。商业翻译的市场是受众阅读的市场,更是商品或服务的销售的市场。这里的市场反馈不但包括受众的阅读感受,还包括商品或服务的营销效果、企业形象接受度等经济学指标维度。此外,译者的自我反思也是影响商业翻译译事行为的重要因素。商业翻译对译者的要求具有很强的现实性,这要求译者要不断进行译后反思,总结翻译得失,调整翻译思路。

三、商业翻译译事行为的政治性

(一)翻译行为的政治性

翻译的政治性是上世纪60年代西方后现代思潮下出现的一个论题。20世纪90年代方斯皮瓦克提出翻译的政治性,指的是翻译在译入和译出两种文化间交流比较中的多种权力关系。以译者为参照,影响翻译的政治性因素有主客观之分。主观因素包括译者的业务水平、主观目的、译者身份、翻译策略、翻译活动形式等;客观因素涉及媒体参与、出版方干预、委托方、赞助方因素等层面。翻译与政治密不可分,译者针对翻译文本和策略作出的选择在某种程度上反映并建构了翻译的政治话语。在原文本与译文本、原语文化与译语文化之间译者不可能处于中立地位,他们要受到种种政治制约,不能游走于不同权力影响之间。译者主体作用的发挥服从于政治的需要。同时,译者的主观目的也直接影响着译文的生成。很多情况下,翻译行为可以成为译者实现其政治目的和理想的途径,这就使得译文在意识形态上有鲜明的立场和态度。由此可见,翻译的政治性在很大程度上体现在译者的策略选择,对翻译活动政治性的分析离不开对译者活动的观察和评价。

(二)商业翻译译事行为的政治性

商业翻译译事行为具有强烈的政治性,这主要体现在三个方面:第一,经济和政治密不可分,贸易是一种政治工具,以国际贸易为主要活动内容的商业翻译自然就被打上深深的政治烙印。中国历史上,鸦片贸易是列强瓜分中国的重要战略步骤。当时,基于鸦片贸易的商业翻译就是列强殖民中国的有力武器。今日中国积极筹划的"一带一路"国家战略既是中华民族实现伟大复兴中国梦的关键部署,也是中国向世界展示其灿烂文化、悠久历史和和平崛起价值观的有效途径。中外贸易中的商业翻译就被赋予了意义非凡的重要使命和责任。第二,商业翻译本身也是两种文化交流碰撞的过程。商业翻译涉及两种或多种语言和文化。在经贸往来的同时,两种或多种文化也必然会有比较、交流、冲突和碰撞。大国沙文主义、极端民主主义、东方主义等不平等的文化观念可能会在商业翻译过程中出现。商业翻译各参与主体如何对待这些偏激的文化观念是一个严肃的政治问题。译者需要灵活应对，采取适宜的翻译策略，各翻译参与主体也需要展现政治智慧。第三，商业翻译相比其他翻译活动更容易产生纠纷，相关责任主体需要承担法律责任甚至是政治责任。例如，跨国贸易翻译文本信息一旦出现弄虚作假、违反商业道德或社会公序良俗的违法行为，相关商品会被禁止销售，相关责任人会承担法律责任，如果情节严重，可能会引发译入语受众抗议、抵制等政治活动。

（三）商业翻译译者的政治意识建构

在商业翻译中，译者处于翻译活动的中心地位，商业翻译政治意识的建构在很大程度上和译者相关。限于篇幅和翻译研究的针对性，本书此处仅讨论译者政治意识的建构。翻译活动的内容、翻译方法和方式取决于译者的主观动机、政治立场和政治环境。客观的政治环境、译者秉持的意识形态和价值观念对翻译主体的选择具有决定性影响，例如宏观层面上的翻译对象选择、翻译策略的确定和微观层面上具体词语的选择。因此，在商业翻译活动中，译者的政治意识并不是捉摸不定的，其对中外文化的价值判断和态度立场，对翻译宏观和微观层面的种种选择共同映射了其翻译的政治意识。总的来说，我国商业翻译译者的政治意识建构可以概括为文化自信、传播自觉、策略创新这三个层次。第一，文化自信，这种自信包括对中华优秀传统文化、革命文化和社会主义先进文化在内的中国特色社会主义文化这一有机整体的自信。文化自信是一名译者的基本素质要求，也是其翻译政治意识的基本要求。商业翻译中的文化自信要求译者对商业活动中涉及的母体文化有信心和兴趣，对它真正了解，真正热爱。从语言的层面来说，翻译就是两种语言及其背后文化的比较过程。这一比较过程首先来自译者，译者翻译文本的选择就是一种文化的对比和取舍。第二，传播自觉，这主要表现在翻译策略和价值选择上：译者在商业翻译的文化传播中要根据传播的层次和受众特点调整翻译策略，在出口贸易中借助文化传播彰显中华民族的主流核心价值观，在进口贸易中主动减弱、规避西方文化中的糟粕元素对本土文化的冲击和腐蚀。译者在翻译时要有强烈的使命感和责任感，对符合人类共有价值观的理念要予以保留，对并不受制于社会制度和意识形态的中国特色价值观要主动宣传，尽力传达中国梦与世界梦的共通性，传达人类命运共同体理念，向世人展示中华民族勤劳、善良、热爱和平、扶贫助弱的道德情操。在商业翻译中，译者应主动将优秀的企业文化和产品文化呈现给译入语受众，提升他们对中国地域文化的兴趣和认知，并借助企业文化和产品文化更好地传播我国传统文化。第三，策略创新，这主要指译者应该摒弃外宣翻译即是文字翻译的传统观念，并注重新媒体新渠道的力量。译者应该充分认识文化外宣翻译活动的身份，努力构建翻译各参与方良性的互动关系，积极营造利于地方文化外宣翻译的生态环境。

四、商业译事行为的持续改进

（一）翻译能力

自20世纪90年代开始，翻译能力研究逐步引起国内外翻译学界的高度关注。国外学者使用了不同的术语来指示该概念，例如 translation abilities or skills（翻译能力或技能）、transfer competence（转换能力）、translation performance（翻译运用）、translation competence（翻译能力）、translator's competence（翻译者的能力）等，其中 translation competence 使用最为频繁。目前国内翻译能力研究尚处于起步阶段，而以翻译能力为中心的翻译过程研究已成为翻译研究的前沿。国外对翻译能力的研究主要集中在翻译能力本质及构成要素、翻译能力的发展层次、翻译教学能力训练和翻译能力应用四个方面。鉴于本书研究方向，在此处我们仅对商业翻译翻译能力的特征、构成和发展进行梳理和探讨。

（二）商业翻译译事行为能力的特征

1. 翻译能力的特征

目前翻译学界对翻译能力研究已经有了较为系统的研究，较有代表性的当属莱比锡学派的创始人阿尔布雷希特·诺伊贝特，他（2000：3-18）将翻译能力总结归类为七个特征：复杂性（complexity）、异质性（heterogeneity）、近似性（approximation）、开放性（open-endedness）、创造性（creativity）、特定性

（situationality）和历史性（historicity），这些特征相互交织，互相作用，贯穿翻译活动的整个过程。复杂性，顾名思义就是翻译能力的构成要素错综复杂，翻译活动与其他交际活动密不可分；异质性是指翻译活动是对参与主体多种技能、语言知识和各项素质的综合要求；近似性是指译者不可能穷尽所有知识，只能具备无限接近翻译所涉及的其他领域知识的能力；开放性是指译者发展交际能力，扩展个人知识不断提升自己对原语和译入语语言与文化的认知，提升翻译的表达技巧和准确性；创造性是指译者以原文本为基础，发挥主观创造性，进行译文本再创作；特定性是指翻译要在特定的译入语语言文化中产生；历史性是指翻译能力要应时而动，应时而生，与特定历史条件相呼应（苗菊，2007：47-50）。

2. 商业翻译译事行为能力的特征

商业翻译译事行为能力除了具备以上翻译能力特征，还有自己的独特个性，具体如下：第一，衡量市场化。不同于一般翻译，商业翻译与商业活动密不可分，追求商业价值和盈利目的是衡量翻译效果和译文本质量的天然标准，也就成为评价商业翻译译事行为能力的重要指标。在某些情况下，忠实于原文本的传统行为能力并不一定能够得到翻译参与主体的认可。第二，形成职业化。形成职业化是指商业翻译译事行为能力的培养和形成具有很强的职业依赖性，即这种能力很难通过学校学习获得。这除了因为上述的能力异质性，还同现行的商务英语专业或翻译专业教学与行业市场结合度不高、所授知识体系和技能过于陈旧等原因息息相关。第三，能力代偿化。前面已经论述过翻译能力的复杂性，但在商业翻译中译事行为的复杂性就更加突出，重交际、轻忠实是商业翻译译事行为能力评定的重要价值取向。在这种条件下，语言转换技能所占的比重和发挥的作用相比更加有限。商业翻译译者身份有时具有多样性，在翻译任务难度不大的情况下译事行为能力人的交际能力、心理素质、营销意识、协作能力对纯语言能力的代偿作用更加明显。

(三)商业翻译译事行为能力构成

1. 翻译能力构成

近三十年来,国内外学者对翻译能力构成要素进行了大量卓有成效的研究,Neubert(2000:3-18)将翻译能力分解为语言能力、语篇能力、学科能力、文化能力和转换能力;Orozco(2002:199-214)提出翻译能力包括转换能力、两种语言的交际能力、超语言能力、工具职业能力、心理—生理能力和策略能力;Kelly(2005:79-92)则将翻译能力划分为交际和语篇能力、文化能力、主题能力、职业工具能力、心理—生理能力、人际能力和策略能力等七项子能力。

Bell(1991,57-63)认为翻译能力应包括理想的双语能力、知识系统和交际能力。Hatim 和 Mason(1997:205)提出译者能力包括原文本处理能力、转换能力和译文本处理能力;G.Pferich 和 J.Skelinen(2009:73-82)提出翻译能力由语言交际能力、主题领域能力、心理运动能力、翻译惯常程序激活能力、工具和研究能力、策略能力组成。

在本世纪伊始,西班牙的PACTE(2003:43-66)小组构建了翻译能力模型,将翻译能力分为双语子能力、工具子能力、超语言子能力、策略子能力、翻译知识子能力等五个子能力和一个心理—生理成分。该模型理论对后续翻译能力研究产生具有较强的导向性和影响力。

国内学者主要根据翻译教学实践,将翻译能力分解成翻译技巧、对翻译标准的认知、对原则的认知、语言知识、综合应用能力掌握等五个部分(杨晓荣,2002:16-19)。也有学者认为翻译能力可划分为语言能力、文化能力、审美能力和转换能力四方面(姜秋霞、权晓辉,2002:11-15)。刘宓庆教授(2003)基于翻译教学,提出了翻译能力的五个维度,即语言分析和运用能力、文化辨析和表现能力、审美判断和表现能力、双向转换和表达能力、逻辑分析和校正能力。

2. 商业翻译译事行为能力构成

商业翻译译事行为能力是一种职业能力,是个体将已有知识、技能和素养在特定职业活动中进行类化、整合和迁移所形成的工作任务的胜任力,包括从事某职业活动所必备的专业能力和非专业、可迁移、适用于不同职业的通用能力或关键能力（韩晓，2014：102-108）。商业翻译译事行为按其性质可以分为语言能力、发展能力和社会能力三个部分。语言能力指商业翻译参与主体对双语知识的掌握、技巧的运用和双语间转化能力。在翻译实践中，它要求参与主体要能够具备熟练阅读、理解和分析原文本，根据要求并结合具体情景和行业特色对接受的信息进行专业的加工，用译入语环境的要求准确熟练地通过口头、书面、图像等形式表达和传播商业信息，达到翻译目的。发展能力主要指翻译参与主体个人素质提升能力。它包括商业翻译参与主体自主学习、终身学习和创新学习的能力，也包括主体逻辑思辨能力。发展能力还包括商业翻译参与主体利用网络获取信息、辅助翻译、利用新媒体社交软件拓展传播渠道、利用计算机辅助软件协助办公管理等能力。此外，发展能力还包括参与主体能够积极主动适应新环境、新岗位和行业产业新变化的应变能力。商业翻译社会能力是指参与主体通过社会关系，整合社会资源，借助外部力量协助完成翻译任务的能力。其中，最重要的是相关主体的社会交往能力、人际沟通能力和团队协作能力。社会能力也包括参与主体遵守行业行规、合同协议、当事人约定、法律法规和社会公序良俗的良好素质，承受职场压力的心理素质，维护职业声誉的自律意识。

（四）商业翻译能力提升

Toury（1986：72-94）从社会规范视角把翻译能力分成两个阶段，认为翻译之中的积极转换和消极转换是不可避免的，翻译能力发展过程是转换的移位，初学者往往在词汇和句法层面发生转换，而有经验的译者则在语篇层面发生转换。Hoffman（1997：189-230）认为翻译能力的发展包括七个阶段：无知阶段、新手阶段、入门阶段、学徒阶段、学徒期满阶段、专家阶段和大师阶段。Presas从心理语言视角把译者能力划分为四个层次：联想的译者（associate translator）、从属的译者（subordinate translator）、复合的译者（compound translator）、协同的译者（coordinate translator）。Chesterman（2000：77-90）从技能发展视角把翻译能力分为五个阶段：初学者阶段（novice stage）、高级学习者阶段（advanced beginner stage）、初具能力阶段（competence stage）、熟练阶段（proficiency stage）、专家水平阶段（expertise stage）。Kiraly（2000）从建构主义视角把译者能力划分为三个维度，分别是合作性（autonomy）、真实性（authenticity）和专业水平（expertise）；其中，合作性包括没有激发的个体、二人互动和合作的群体三个阶段，真实性包括意识的提高和框架反思活动两个阶段，专业水平包括生手、学徒和熟练工三个阶段。PACTE从策略发展视角提出翻译能力经历从生手知识到专家知识的螺旋式发展过程。

国内研究者借鉴国内外有关翻译能力的研究成果，提出以培养学生翻译能力为目标的翻译教学模式。文军（2004：49-52）探讨了现有翻译教学模式的不足，参照Campbell，将翻译能力分解成语言文本能力、策略/技巧能力、自我评估能力和理论研究能力，提出以发展翻译能力为中心的翻译课程教学策略。苗菊（2007：47-50）采用有声思维翻译实验，提出以学生为中心、以过程为导向的翻译教学模式，并认为翻译能力由认知能力、语言能力和交际能力组成。王树槐和王若维（2008：80-88）考察了国内外对翻译能力的研究，提出一个翻译能力的综合模式由语言、语篇、语用能力，文化能力，策略能力，工具能力，思维能力和人格统协能力六个成分构成。文军、李红霞参照国内外翻译能力构成的论述，尝试提出翻译能力的构成框架包括理论能力和实践能力，理论能力包括翻译学科知识、相关学科知识和职业素养，而实践能力则包含语言/文本能力、策略能力、自我评估能力、IT能力和工具书使用能力。冯全功（2010：110-113）结合国内外学者对翻译能力的研究，从认知视角探讨了翻译能力的构成，提出了认知视角下的翻译能力构成模式，认为翻译能力由翻译图式和认知机制两大范畴构成，其中后者对前者起调控作用。王传英（2012：32-35）从西方翻译能力研究的阶段性出发，探究了其理论研究的渊源和标志性学术成果，旨在为我国的职业译者训练提供理论依据。这些探讨对以发展翻译能力为宗旨的翻译教学和翻译课程的设置很有意义，但未深入探讨处于不同阶段的学习者的翻译能力特点和能力发展的不同阶段。

1. 商业译事行为能力

根据国内外学者对翻译能力的研究与分析，本书认为商业翻译译事行为能力主要包括语言能力和非语言能力两大部分。关于语言能力,学界论述较为细致具体,而非语言能力涵盖范围较广,相关的研究成果相对较少。语言能力指的是译者对双语语言知识掌握和运用的能力。具体而言,在翻译过程中语言能力是原语的认知与理解能力、原语与译入语的对比和转换能力、译入语表达能力等分项能力的有机集合体。语言能力的提升依赖认知能力和操作能力的训练与培养,译者在训练时要重视语法、词汇、修辞等方面的练习,从原文本角度和译文本角度进行语用、表达、合成等方面的训练,逐步提高双语能力。非语言能力主要包括译者翻译内驱力、软件平台操作能力、译场心理素质能力、项目运作能力等。翻译内驱力主要与译者的行业兴趣和专业热情密切相关,软件平台操作能力是指译者对跨境电商平台、机器翻译软件等的熟练操作能力。译者职场心理素质则是译者在商业翻译实战中对翻译任务、翻译人际关系和翻译环境的适应能力和自我调节能力。项目运作能力是译者在翻译项目执行过程中表现出的行动力、协作能力和交际沟通能力。

2. 商业译事行为能力培养路径

鉴于商业译事行为能力的构成和商业翻译的实际领域特点,本书建议商业译事行为能力培养应采用校企合作线上线下相混合的培养模式。商业翻译人才培养应通过校企密切合作实现,单凭其中一方的力量很难实现商业翻译人才的对口培养。在校企联合培养模式下,高校应发挥教育资源高地的优势,在语言能力培养上下足功夫。这并不意味着企业可以袖手旁观,相反,企业应该积极联系高校,将行业所需的商业翻译语言能力反馈给高校,并协助高校确定符合实际的教学目标定位、制定切实可行的人才培养方案。高校在与企业充分沟通互动后,要按照符合实际的人才培养方案和培养目标确定相应的课程目标和课程教学大纲,确保语言能力的训练具有较强的针对性和实用性。此外,高校也应在企业人力资源培训中扮演重要角色,充分利用自身师资优势和教学经验,帮助行业企业开展翻译从业人员语言能力在职培训,有效提升企业商业翻译能力。

在校企联合培养模式下,企业可以通过常态化的行业认知讲座和较为系统的校企共建实践课程帮助高校翻译专业学生形成正确的行业认知、保持较高的专业热情。此外，企业也可以深度参与高校专业见习活动，帮助学生在本科阶段学习过程中参与商业翻译现场实践，指导学生结合见习活动找出个人翻译能力短板与差距，并帮助学生有效改进。在学生本科学习的高年级阶段，企业可以通过组建创客空间、学生翻译工作坊等形式参与指导翻译专业学生创新创业活动，切实锻炼学生的翻译项目运作能力和团队协作能力。本科阶段的专业实习可以算是企业为打通专业教育"最后一公里"作出的努力，通过企业的优化设计和实习安排，翻译专业学生的专业实习不仅能够落到实处，而且其专业就业对口率也能得到有效保证。

互联网时代的商业译者多依赖翻译软件的项目运作，常借助虚拟平台环境在开展业务的同时完成翻译任务。因此，商业翻译译事行为能力的培养离不开软件操作能力和沟通技巧的训练，也离不开完善的软件环境和平台支持。单纯的高等学校教育只能提供虚拟现实的训练环境，仿真度不高，实战感不强，学生的收获和提升较为有限。单纯的行业企业虽然拥有真实的软件，但没有足够的精力和场地对一定数量的人员持续展开培训。结合目前的校企合作经验，在高校建立翻译工作室或是基于翻译实践的创客空间是较为成熟、有效的培训方式。

虽然线上教学逐渐成为教育培训的新兴发展方向，但线下教育确有其独特的灵活性和针对性。商业翻译线下培训的优势在于增强翻译实践教学的实战感，保障培训的效率和效果。此外，线下培训对行业企业员工的在职教育、专业学生行业热情和专业忠诚度的培养、翻译项目团队的建设具有线上教育不可替代的支持作用。

第三章　商业翻译价值

价值本质上是一种有用性的排序，在某种程度上贴近商业上的功利性。如前所述，商业翻译中的利益追求是商业翻译价值判断的重要考量因素。然而，翻译作为一种艺术，其价值并不局限于有用性。对商业翻译价值的研究能够帮助人们把握商业翻译的重点，避免商业翻译实践本身的过度利益化。此外，本章关于价值冲突和价值共创的思考有助于拓展商业翻译译者主体性研究、译者行为评价与规范。

一、价值定义

根据第七版《现代汉语词典》，价值的解释是"用处或积极作用"（中国社会科学院语言研究所词典室，2016：629）。这是一个哲学范畴内的词汇，德国价值哲学创始人威廉·文德尔班将其解释为世界立法的"规范"。价值是一种意义，正是借助这种意义，人类构建了客观世界。新康德主义弗莱堡学派代表人物亨利·李凯尔特继承发扬了文德尔班的价值理论，提出价值是包括主客体在内现实世界的以外的另一个王国，存在和价值的总和构成了整个世界（巴克拉捷，1980：257）。价值是对主客体相互关系的一种主体性描述，它代表着客体主体化过程的性质和程度，即客体的存在、属性和合乎规律的变化与主体尺度相一致。在这个定义中，价值概念是以人的视角和尺度去衡量周围的世界。它反映的是一种主客体关系，人是一切价值的主体，创造、实现并享有价值，因此物的价值取决于人的主体性特征（李德顺，2013：27-39）。

二、价值问题的相关概念

（一）价值存在的本质

针对价值存在的本质，学术界有五种不同的观点："观念说"将价值视为人类的一种精神现象；"实体说"将价值看作独立存在的实体或现象体系；"属性说"认为价值是某些实体固有或在某些情况下产生的特殊属性；"关系说"则认为价值是人所特有的对象性关系的产物；"实践说"在关系说的基础上提出价值是以人类生命活动即社会实践所特有的对象性关系为基本内容和要素的客观存在。

1. 价值中的主客体及相互关系

价值与人类的实践活动密不可分，价值的主体就是人类实践活动范畴的主体。价值主体根据参与群体的大小可以依次分为"人类""某一历史阶段的人类群体""特定人类社会群体""个人"四个不同的层级。价值的客体是主体实践和认知的对象。按照这种解释，客体除了包括客观世界，也包括处于自我实践和认知活动中的人类本身。价值中主客体之间的关系是基于人类实践和认知活动中的主客体相互作用、相互影响的关系。客体对主体的作用和影响主要表现为主体对客体的感受、认知、理解和接纳，对客体本质规律的服从，这种过程可以概括为"主体客体化"。主体对客体的作用和影响主要表现为主体对客体的选择和改造，并使其为自我发挥作用，这一过程也可以概括为"客体主体化"。客体主体化基于主体的需要，具有强烈的目的性。主体客体化则基于客体的客观性，强调主体对客体的尊重和服从。主客体的相互作用关系亦是人类实践和认知活动相互转换、主客体不断接近的持久循环过程。

2. 价值的特征

目前，学界对于价值特征的研究已经比较成熟，普遍接受的观点是价值具有客观性、主体性、社会历史性、多维性、创造性和超越性。价值的客观性指价值关系中各个环节都是客观的，这包括人类的需求、满足人类需求的对象和手段、满足需求的过程。价值的主体性是指价值的大小以人的需要为衡量标准，价值也是随不同主体的变化而变化。价值中主客体关系是价值主体在实践过程中与价值客体相互作用而确立的一种创造性关系。价值的社会历史性指的是人的需求、实现需求的手段和对象、实现需求的过程都具有明显的社会性,并反映出当时的历史条件。脱离社会关系和社会实践,价值就无从谈起。价值的多维性体现在价值关系具有多方性和全面性上,影响价值的因素具有多样性和复杂性,人们在创造和实现价值的过程中需要全面考察、评估客体的价值,作出全面客观的决策。此外,价值还具有创造性,价值是由实践主体创造的,价值的创造性与人的社会属性人化世界的改造密切相关。人创造了价值,并在创造价值的过程中成为了人,将自身与动物区别开。最后,价值具有超越性。人类创造价值的过程就是不断超越自我、超越自然的过程。人类的实践活动就是对自然世界的改造和对人类社会的不断升级。作为价值创造的过程,人类活动具有明显的超越性。

3. 价值的类型

价值的类型划分有不同的标准和依据。美国学者培里将人类价值领域分为道德、宗教、艺术、科学、经济、政治、法律、习俗八个方面。舍勒认为价值可以从低到高分为感觉价值、生命价值、精神价值、宗教价值等。有哲学家提出价值可以总体分为两大类,即目的价值和手段价值。也有人将价值分为功利价值、道德价值或工具价值、内在价值等。马斯洛提出了著名的"需求层次说",揭示了人类潜藏的七种不同层次的需求,并主张按照需求的层次划分基本的价值,评议等级进行排列(马斯洛,2013:183-187)。也有学者认为,一切事物的价值可划分为真、善、美三大基本类型,或真、善、美、利四大基本类型,或真、善、美、利、自由五大基本类型(周晓梅,2015:78-85)。不同的划分类型反映了人们对价值本质的不同理解和不同的价值思维方式。也有人主张从客体划分,将价值划分为物的价值、精神文化现象的价值和人的价值。按价值主体划分,价值可分为个人价值、群体价值、社会价值和人类历史价值(主体形态来分);物质价值和精神价值(依据主体需求的性质);经济价值、政治价值、道德价值、审美价值和社会实践价值(依据社会生活领域)。

三、国内外翻译价值研究概述

近年来,西方翻译学界从价值各种对象性关系中探索翻译价值的存在。美国解构主义翻译学家 Lawrence Venuti 在《译者的隐身——一部翻译史》《翻译之耻——通向差异伦理》等著作中提出打破欧美中心主义,尊重语言和文化差异的翻译伦理,他主张将"彼此尊重"作为翻译价值的归宿,希望唤起人们尊重差异的机制意识,突出译者的文化使命感和正义感,建立本土文化与外来文化的共同体,以修正和发展本土的价值观和机制。澳大利亚翻译家安东尼·皮姆在《翻译与文本转移:论跨文化交际原则》《论译者的伦理》等著作中提出将翻译价值研究重心放在改善文化间的关系上,将翻译价值嵌入人际关系网络中;要实现翻译价值要求,就要以译者为代表的翻译参与主体来全面衡量各方面的主体间因素。芬兰学者安德鲁·切斯特曼(2001)将"模因论"引入翻译研究中,提出翻译的四项基本价值,即清晰、真实、信任和理解,并据此勾勒与之对应的思想翻译规范:期待规范、关系规范、交往规范和责任规范。进入 21 世纪,国内翻译学界专家学者从价值的本质、社会与文化、新时代特征等角度对翻译价值开展了多视角的研究,取得了丰硕的成果。程平(2001:85-86)认为翻译价值在于不同文化间的融合。许钧(2004:35-39)详细论述了翻译价值的社会性、文化性、符号转换性、创造性、历史性等特征。陈志杰、吕俊(2010:69-73)重点论述了译者基于社会规范作出的预期性价值判断,并将其视为翻译价值增值的起点。高雷(2012:62-65)提出了翻译价值的客观性与主观性、社会性与历史性、相对性与绝对性、多元性与一元性等多种辩证统一的特征关系。刘云虹(2014:88-95)明确指出翻译价值和翻译标准是翻译策略选择的两个前提条件。俞佳乐(2017:96-99)提出以"翻译场"视角开展翻译价值研究。刘云虹、许钧(2017:54-61)充分考虑翻译处在新技术新时代这一背景,从思想传承、文化交流、社会发展、语言创新与服务等多个层面认识与把握翻译的价值。李琳娜(2018:12-14)基于传统翻译研究中有关翻译价值的文献,试图结合新时代的相关理论与现实关怀,探析新时代的翻译价值。由此可见,国内翻译学界以翻译价值为主题的相关研究主要集中于宏观理论探讨和跨学科研究，对价值主客体间关系和价值创造过程的研究相对较少。

四、商业翻译价值的特征与分类

（一）商业翻译价值特征

由上文可知，翻译价值具有社会性和历史性，我们对商业翻译价值的认识不能脱离商业翻译活动所处的社会文化背景和历史环境。除了具有翻译价值的通用特征，商业翻译价值还具有趋利性、矛盾性和可塑性。

商业翻译具有强烈的趋利性，因此利益最大化就成为商业翻译的主要价值诉求。对商业翻译译事行为各参与主体来说，商业翻译文本的价值大小在很大程度上取决于经济利益的实现程度。例如，商业翻译活动委托人评价翻译时，主要关注翻译活动有没有很好地传达商品或商业活动信息。商品或服务的进口商关注商业翻译有没有很好地推动商品或服务的宣传和销售，有没有带来更大的利润。商业翻译译者个人或团队则更关心自己的翻译作品有没有赢得其他各方的支持，自己与其他各方的翻译合作关系能否延续。商品或服务的消费者关心商业翻译文本有没有真实准确地传达原文本信息，自己的权益有没有在翻译活动中受到侵犯。

正是由于商业翻译译事行为各参与主体有不同的价值诉求，商业翻译价值才具有明显的矛盾性。其中最大的矛盾来自于商品买卖的双方。商品的售卖者希望获得最大的利润，而商品的购买者希望以最少的投入获得最大的收益。在商业翻译中，商品售卖者为了实现利益最大化，可能会夸大商品信息，甚至歪曲事实，而商品的购买者希望看到的商品信息是真实可信的。对于原文本作者来说，原文本写作的目的除了商业宣传或销售之外，还可能借助商品出口传播本土文化，输出本土价值观。对于商业翻译译者和译入语委托方来说，他们的诉求是传达进口商品信息，但要降低原语文化和价值观对译入语文化的影响。总之，商业翻译价值的冲突矛盾性是由各参与主体价值诉求的多样性造成的。商业翻译价值还具有可塑性，这也与一般翻译价值不同。商业翻译价值可塑性由商业活动的营销性所决定。商业翻译文本是一种典型的说服性文本，它的首要目的就是唤起消费者需求，争取消费者对商品或服务的好感，对背后的产品文化和企业文化的认同。商业翻译文本实现这些目的的过程也就是文本受众产品价值观塑造的过程。商业翻译价值的可塑性也是商业翻译参与主体特别是译者的最大的价值所在。

（二）商业翻译价值分类

上文讨论的翻译价值分类同样适用于商业翻译价值研究，除此之外，考虑到商业翻译的特征，本书将商业翻译价值进一步分类为社会价值、营销价值、经济价值、文化价值、美学价值和政治价值。

1. 商业翻译社会价值

商业翻译是一种目的性很强的社会活动。商业翻译的社会价值在于商业翻译能够帮助实现社会资源合理有序地流动，推动科学技术的传播普及，积极促进基于商业交易的社会关系融合，推动社会的发展与进步。在商业翻译过程中，译者也在不断学习，增长翻译技巧，丰富背景知识，逐渐形成更加全面成熟的世界观、人生观和价值观，充实完善着自己社会人的属性。同时，译者在与其他翻译参与主体交流的过程中将翻译的目的、各方翻译动机、翻译需求不断外显，发挥着翻译活动的社会服务功能。

2. 商业翻译营销价值

商业翻译的营销价值在于它能够积极推动商品或服务的跨语言传播，有效唤起潜在消费群体的消费欲望，有力传播产品文化和企业文化，帮助企业提升品牌战略竞争力。商业翻译文本讲求通俗易懂、贴近读者，对受众的阅读能力要求不高，这就增加了商业翻译本身的营销价值。同时，商业翻译涉及国内国外两个市场、两种文化，面临国内国外两种受众群体，这就要求翻译中各参与主体要具有强烈的营销意识，认真研究译入语营销市场，提升译入语受众的营销体验。同时，商业翻译的译文本接收效果调查和译后反思也可以帮助相关翻译活动参与主体优化营销策略，推升营销效率。

3. 商业翻译经济价值

中国翻译活动服务于经贸往来可上溯至西汉时期。随着我国"一带一路"战略的不断推进，商业翻译对中国经济发展必将扮演越来越重要的作用。在宏观层面上，商业翻译能够积极推动国际间经贸活动的发展，刺激市场需求，协调经济发展。在微观层面上，商业翻译满足了商业翻译活动各参与主体的翻译目的，为企业实现了经济利润，满足了消费者的消费需求，开拓了产品市场。在满足各方翻译目的的同时，译者也得到了相应的经济回报，实现了经济价值。

4. 商业翻译文化价值

商业翻译为各国文化交流提供了桥梁和纽带。商品出口国可以借助商业翻译宣传商品的品牌形象、产品文化和企业文化，进而传播本民族的优秀文化和价值观，增强文化自信，提升文化软实力。商品进口国也可以通过商业翻译接触先进的技术、管理经验和管理理念，丰富本民族语言和文化，在文化的交流和竞争中对标强者，找寻差距，激励自身文化做大做强。此外，译者在商业翻译中需要充分发挥创造性和能动性，将外国或本国文化成果传递给对方，提升翻译活动本身的文化性。

5. 商业翻译美学价值

商业翻译美学价值主要体现在译文本构建的音韵美、意境美、文化美、情感美和简洁美上。在商业翻译中，译者会使用头韵、尾韵、叠韵、象声、拟声、平仄等方法，提升译文本的音韵魅力，营造语言的优美意境，增强文字感染力。除了营造语言美之外，商业翻译还会充分利用图像、音乐等非语言营销手段，结合先进的信息传播手段和技术提升翻译文本的营销效果，让人触景生情，展开丰富的审美联想，获得美的享受与体验。

6. 商业翻译政治价值

国际贸易是国际政治的手段和工具。在过去的国际政治经济秩序下，帝国主义列强通过殖民贸易实现了瓜分弱国、霸权世界的肮脏政治目的。如今，和平与发展成为国际主题，世界呈现多极化格局，跨国贸易虽不像过去那样充满侵略性，但仍旧是为各国政治服务的。成功的商业翻译不仅可以助推贸易量的持续走高，还可以以贸易交流为平台，实现国家之间文化和意识形态的交流，赢得译入语国家民众对原语国的好感，提升国际形象和影响力。

五、商业翻译价值的实现

(一)当代商业翻译中价值冲突概述

商业活动本身就是多元化价值和利益交织的过程。翻译活动也是两国语言文化交流、竞争和冲击的过程。当两种价值关系复杂的活动结合在一起,其价值冲突和利益纠葛的复杂程度可想而知。纯商业活动的价值冲突不属于本书的讨论范围,此处仅关注在商业翻译活动中,译事行为主体之间的价值利益冲突。总的来说,商业翻译中的价值冲突主要有:趋利与公平之争、忠实与叛逆之争、归化与异化之争、翻译与营销之争。

1. 趋利与公平之争

商业活动涉及买卖,自古以来,公平交易是买卖的永恒价值诉求之一,商业活动的任何参与方都有责任遵守并极力促成交易的公平性,商业翻译也不例外。另外,趋利又是商业翻译译事行为各参与主体的共同价值诉求。原语方希望能将商品出口到译入语国并赚取到尽可能多的利润。译入语方希望以较低的价格买入原语方的商品或服务,并以尽可能高的价格销售给译入语国消费者。译者则希望在商业翻译的过程中获得尽可能多的服务费用。这些价值利益诉求相互交织、互相冲突,但一般来说,译入语方与原语方、译入语方中委托方与译入语消费者之间的价值冲突较大。在商业交易中,公平是维持买卖关系的价值标准;在商业翻译中,公平也是商业翻译关系得以继续的保证。在多方价值冲突中,译者可以扮演中间人的角色,调和各方的价值矛盾,使得各方在争取己方利益最大化和维持利益公平之间寻求动态的平衡。

2. 忠实与叛逆之争

忠实与叛逆是商业翻译中一个永恒的矛盾话题。忠实的含义具有多层次性。首先,忠实指译文本要忠于原文本,译者要忠于原作者。这种忠实为传统译学特别是翻译语言学派所推崇。当翻译出现文化转向后,译者被赋予了更多的角色,翻译被视为一种再创造后,翻译的叛逆在一定程度上就变得名正言顺,译者不再被要求对原文本和原作者"唯唯诺诺"。忠实与叛逆之争也就有了理论依据和存在的价值。其次，忠实意味着人际关系的忠实，这主要指译者对翻译委托方、翻译文本受众的忠实，也可以指翻译委托方对商业翻译受众的忠实。不同于一般类型翻译，在商业翻译中翻译委托方的角色和作用要大得多。委托方在发布翻译任务之后常常会对译者做出更加细致的要求，从而达到操控翻译的目的。委托方的干预和操控有可能在某种程度上背离了其对翻译受众忠实的初衷。译者在实际的翻译操作中为了达到某种翻译目的可能会选择不按照委托方的要求进行翻译。再次，商业翻译中的忠实还意味着译事行为各参与主体对母体文化的忠实。在实际的商业翻译中，对文化的忠实主要指的是译事行为主体对母体文化的情感尊重，当然也体现在通过翻译策略不遗余力地传播母体文化上。在这个过程中，由于来自不同的文化，译事行为主体在文化价值取舍上会有不同的判断和诉求，这也就构成了商业翻译中文化角度的价值冲突。

3. 归化与异化之争

长期以来，归化与异化之争一直是翻译研究中的热门话题。"归化"一词旧指一个国家的人入籍到另一个国家。在翻译上，"归化"指的是尽可能不扰乱读者的安宁，让作者去接近读者。译者采用归化策略意在求得透明流畅的文体风格，以最大限度地淡化读者对外语文本的陌生感。异化翻译策略是指在翻译中译者尽可能地不扰乱原作者的安宁，让读者去接近作者。该策略对优势文化试图压制译文本中异国情调的心理提出了挑战（方梦之，2011：96）。归化与异化之争在翻译研究中多见于文学翻译，尤其以翻译成语、典故等文化性较强的文本为主。在商业翻译中，归化和异化策略的取舍又具有明显的阶段性和情境性。总体来说，当译入语文化明显弱于原语文化时，受众常常带有本土文化自卑和外来文化崇拜的情愫，这时的商业翻译可以采用异化策略，凸显进口商品文化的"洋味"。当译入语文化强于原语文化时，受众在接受译入语信息时会带有民族主义情感，以挑剔的眼光去审视。要赢得这些挑剔的消费者的认同，原语文化就要表现得"谦卑顺从"，归化策略就是一个不错的选择。

4. 翻译与营销之争

商业翻译是一种翻译活动，更是一种商业活动。翻译的目的归根到底还是为了谋求商业利益最大化。因此，在商业翻译译事行为参与主体的眼中，商业翻译活动就是跨语言的又一次营销活动。这种对翻译活动的认知从本质上就是对翻译价值的一种"背叛"。翻译的作用不是单纯的语言转换，而是一种用语言说服受众的工具，这一变化赋予译者更多的期待或责任。在商业翻译中，译者处于价值发生冲突的中心点，译者既是翻译活动的直接实施者，又是翻译活动价值主体网中的重要一环。在商业翻译过程中，译者面临翻译与营销的价值之争时，要把握好度，以求最大程度地实现自身对其他参与方的价值。一方面，译者要牢记自己的翻译身份，在商业翻译活动中充分发挥译者文化沟通和语言转换的桥梁作用，在翻译和营销价值冲突时，独立思考，按照翻译目的、职业道德和译事行为主体的最大利益来处理两者的价值冲突，履行翻译的职责。另一方面，译者也要解放思想，开拓思路，善于运用营销技巧，在不违背事实、不寻私利、不违反公序良俗和法律法规的前提下，凸显翻译文本的营销功能，充分发挥语言的社会沟通功能和译者的主观能动性，最大程度地实现各方利益，满足各方关切。

（二）商业翻译价值观的塑造

1. 商业翻译价值观的定义

价值观是人基于一定思维感官而作出的认知、理解、判断或抉择，也就是人认定事物、辩定是非的一种思维或取向，从而体现出人、事、物一定的价值或作用。职业价值观指人生目标和人生态度在职业选择方面的具体表现，即一个人对职业的认识、态度和他对职业目标的追求。商业翻译价值观是商业翻译译事行为主体在商业翻译活动中对翻译活动本身、翻译活动中涉及文本及人际关系、商业翻译活动其他参与主体发挥作用的判断。商业翻译价值观的形成与变化基于主体的主观实践认知活动，需要遵循一定的原则，并符合一定的社会规范。

2. 商业翻译价值的实现

商业翻译价值的实现按价值构成可以分为主体要素、翻译环境和价值效用三个要件。

(1) 主体要素

商业翻译活动虽然具有一定的客观性，但是它是一种主体关系复杂的社会实践活动，具有很强的创造性，其中翻译过程、译文本接受过程和翻译价值认知过程都具有明显的主体色彩（高雷，2016：31-33）。商业翻译价值中的主体要素主要包括翻译活动的各参与主体，也就是商业翻译译事行为主体。各主体在价值实现过程中发挥的作用是不一样的，总体来说，在商业翻译价值实现过程中译者是商业价值实现的创造主体，具有明显的动机性，其翻译动机会直接影响翻译策略的实施和文本的产生。译者对翻译活动甚至商业活动的认识也会极大影响翻译价值的实现。翻译活动在商业活动中的地位及作用、译者自身在商业翻译各参与主体关系中的角色和定位都是译者需要思考的问题，它们会直接影响商业翻译价值的实现。此外，译者的素质和能力也会直接影响翻译价值的实现。商业翻译在很多情况下不是单兵作战，而是团队合作。译者素质不仅包括传统翻译中译者个人的语言功底和职业素养，还包括译者的协作意识和团队能力。译入语方是商业翻译的使用和评价主体。其中，译入语受众对象在价值实现中发挥的作用最为关键，他们是商业翻译文本的最终使用者和商业翻译活动的直接服务对象。译入语受众是因为某种目的或需要去接触商业翻译文本的，译者在一开始对受众的需求或目的并没有准确的认识和把握。但是，悉心尽责的译者可能会对受众群体进行深入细致的分析调查，也可借助原语方和译入语的销售者所做的市场调研结果来更好地了解受众的需求。因此，受众的需求和反馈是认识和实现商业翻译价值的决定环节。在商业翻译活动中，译入语主体除了包括译入语受众，还包括译入语翻译委托方、译入语销售方、译入语媒体等。他们与译入语受众的翻译价值观和价值评价立场可能有所不同，但在商业翻译价值实现中发挥着举足轻重的作用。例如，译入语翻译委托方对翻译活动和译者的态度和认识会直接影响翻译团队选择、翻译时长要求、翻译报酬高低等，而这些又会直接影响商业翻译价值的实现。对于译入语方销售者来说，他们对商业翻译质量的认可程度会直接决定翻译文本的使用范围和频率。对于译入语媒体而言，如果他们与译者价值观偏离较大，可能就会影响商业翻译文本在译入语媒体环境中的传播范围。与传统翻译不同，商业翻译价值的实现还极大地受制于原语方。商业翻译追逐商业利益的特性使其在文本中就带有利益最大化的价值诉求。鉴于此，本书认为原文本对于商业翻译价值实现具有规划和约定作用，原文本作者在文本形成之初就勾勒了翻译在商业活动中扮演的角色和发挥的作用。

（2）翻译环境

翻译环境历来是翻译研究的热点话题，它使翻译研究跳出简单的原文本—译者—译文本范围，着眼于宏观思考。生态翻译理论创立者胡庚申（2004：70）认为原文本、原语和译语连同语言、交际、文化和社会，以及作者、读者、委托者等互联互动，一同构成了翻译的整体环境。译者以外的一切都可以看作翻译的生态环境；同时，每个译者又都是他人翻译生态环境的组成部分（胡庚申，2013：89）。翻译生态环境是制约译者最佳适应和优化选择的多种因素的集合（蒋骁华，2019：19-25）。商业翻译价值的实现离不开商业翻译环境。商业翻译环境形成了商业翻译译事行为主体的关系。商业翻译价值反映了各主体之间的复杂关系，而主体之间的关系是在商业翻译环境中形成和发展的。因此，随着关系的变动，商业翻译价值也在不断变化，对商业翻译价值的评价也应基于主体关系的动态评价。商业翻译环境塑造了商业翻译译者的商业价值观和职业价值观。译者处于商业翻译环境中，耳濡目染，潜移默化地受到已有的商业翻译文本和语言环境的影响，对好的商业翻译案例已经有了基本的认知，优秀翻译案例的隐性规则已经内化到译者的头脑里，并引导译者实施翻译任务。译者作为原文本的首批读者之一，也会按照商业翻译环境中形成的商业价值观对原文本的商业价值作出判断，并预判译文本的商业价值。商业翻译环境是商业翻译译者作出选择的依据。翻译环境制约着译者对翻译任务的认知、对文本的选择和具体翻译策略的选择。

（3）价值效用

价值效用是实现商业翻译价值的关键一环。简单地说，价值效用指商业翻译有用性的现实考量。对商业翻译价值效用进行判断是商业翻译译事行为主体尤其是译者和翻译任务委托方开始翻译活动前要做的准备工作。当然，商业翻译价值效用的判断常常基于各参与主体尤其是译入语方的翻译价值观。对于原文本不顺从或不符合译入语方翻译价值观的部分,译者在翻译时就可以略化描述,而对于顺应符合译入语方翻译价值观的部分,译者在传译时应作凸显处理。例如,不少失败的商业翻译案例就源自译者将原文中违反译入语方价值观的元素忠实地传译,引起译入语受众的反感甚至是抵触。反观商业翻译中的成功案例,译者准确地判断了原文本的翻译价值效用,并采取策略凸显了翻译文本与译入语方翻译价值观一致,让译入语受众及其他评价主体自然主动地接受了译文本。

(三)商业翻译价值的共创

价值共创是指生产者、消费者和其他利益相关者共同创造价值的一种活动。价值共创有狭义和广义之分。狭义的价值共创是指企业与消费者在直接互动过程中的使用价值共创;广义的价值共创包括消费者与企业在产品、服务设计、生产和消费全过程中的价值创造、互动与合作。

长期以来,传统理论认为,企业创造价值主要是通过商业活动来创造的,而价值共创理论认为,消费者也是价值创造过程中的重要一环。企业如果能够调动消费者的积极性,让其参与价值创造,不仅能够丰富价值的内涵和外延,而且能够有效提升消费者的忠诚度和满意度。同时,其他利益相关方也在价值的创造中发挥着重要的作用。随着互联网的快速发展,价值创造的方式也发生了翻天覆地的变化,较为典型的是大数据分析、人工智能等先进技术的运用使生产效率快速提升,并促进人际互动行为更加丰富与深化。生产者能够更便捷、高效地获取消费者及利益相关者的意见、建议和支持,而消费者也能够自主选择与生产者合作,为自己创造价值。处于价值创造体系中的每一个角色彼此独立,又相互关联,共同实现价值创造目标。因此,互联网环境下的企业营销正从以产品为核心转向以消费者为核心,尊重并维护消费者价值是提高企业竞争力的重要手段。

在商业翻译中,价值共创有其独特个性,这是因为商业翻译价值是基于文本的一种价值考察。与商业活动相比,商业翻译除了涉及生产者、销售者、消费者等主体外,还涉及更加重要的一个角色,即译者。作为商业翻译活动最为活跃的主体,译者在整个商业活动过程中发挥着重要的协调和联络作用。译者不但能帮助生产者或销售者更好地了解消费者的需求和想法,还能从消费者的角度审视来生产者或销售者的信息传达,并以积极勤勉的态度向他们反馈信息、提供建议。在大多数情况下,译者受雇于生产者或销售者,从某种意义上说,译者就是基于生产者或销售者利益的消费者代言人。译者是商业翻译得以进行的纽带和桥梁,也自然是商业翻译价值共创与实现的最重要的主体。在商业翻译中,生产者、销售者和消费者的价值共创努力要通过译者的行为来实现。从价值共创角度来看,译者是一个角色复合体和矛盾综合体。

在价值共创上,商业翻译过程中生产者、销售者和消费者发挥的作用与商业活动中对应的主体较为类似,因此本书此处主要关注译者在价值共创中的角色与作用。总的来说,译者的价值共创作用主要包括教育引导、纠正反馈和鉴别规范三个方面。

1. 教育引导

教育引导是译者从生产者或销售者角度出发,以消费者为对象的信息传播与宣传活动。译者的教育引导与生产者或销售者的教育引导既相关又不同。前者以后者为基础,是对后者的删减、调整和补充。与生产者或销售者的教育引导不同,译者的教育引导并不总是基于生产者或销售者的利益考虑,这在翻译服务外包的场合更是如此。但是在一般情况下,译者特别是受雇于生产者或销售者的译者,会将雇主的教育引导期待作为一项翻译任务认真执行,并根据自己对译入语文化和译入语受众心理特点的了解对教育引导做进一步的细化或加工,以期达到更好的效果。由于译者比生产者或销售者更加了解消费者的文化需求和心理倾向,译者的教育引导会更容易起作用,译者对商业翻译价值共创的贡献也就更大一些。然而,由于译者是隐形的,消费者可能并没有意识到译者这种价值共创努力的存在。

2. 纠正与反馈

纠正与反馈是译者从消费者角度出发,以生产者或销售者为传播对象开展的信息分享活动。译者与反馈类似于商业活动价值共创中消费者的共创努力,但是要比它更彻底、及时。译者的纠正与反馈是两个不同的层次。纠正在先,反馈在后。纠正主要是译者出于职业本能和对语言文化的了解，在翻译任务开始前会就原文本中可能存在的影响价值共创的问题，向生产者或销售者等翻译任务委托方提出自己的意见或建议。反馈主要来自消费者，是译者在翻译任务开始后将译文本受众的意见反馈给生产者或销售者等翻译任务委托方。这在商务英语口译中最为常见。译者的纠正与反馈是一种效率极高的价值共创活动，这也是商业翻译相比普通商业活动价值共创现象更加突出、效果更加明显的原因，也是译者个人价值的体现与佐证。

3. 鉴别与规范

鉴别与规范是译者从自己的角度出发，以生产者或销售者等翻译活动委托方为信息传播对象，依照自己的语言文化知识、消费者心理认知、价值观和职业操守对翻译的原文本进行鉴别与规范。这种信息分享主要涉及语言层面、文化层面和道德层面。语言层面指在翻译原文本过程中可能遇到的语言转换上的障碍。为了更好地实现翻译信息的通畅、完整和保真，译者需要判断原文本的语言质量。其中可译不可译就是译者常遇到的挑战。在文化层面上，译者的努力常体现在需要鉴别原文本是否符合译入语受众的文化品味与需求、营销等功能信息对潜在消费者来说是否投其所好、原文本是否会有引起文化冲突的风险。一般来说，除非原文本造成的文化冲突特别严重，否则原文本作者可能无法从消费者或文本受众那里发现文化交流不当。因此，在商业翻译中译者的文化鉴别作用非常重要。在道德层面上，译者主要通过规范来实现价值的共创。这主要体现在译者通过正确的三观和高尚的职业操守审视原文本，在追求商业利益与尊重社会道德间寻找一个平衡点，对于违反道德、一味追求利益的商业语言应用行为要予以规范纠正。这种规范行为表面上看违反了委托方的意志，但从后果来看译者的目的还是为了实现商业翻译利益的最大化。

（四）商业翻译价值的评价

1. 评价主体

商业翻译价值的评价主体不同于商业翻译译事行为主体，后者是依据翻译的自然过程作出的划分。由于商业翻译价值评价主体立场的不同和对翻译作用认知的差异，评价主体很难有较为细致的归类。商业翻译价值评价主体还有交错性，例如译入语消费者会对商业翻译文本是否满足其对商品或服务信息需求作出判断，也会对译文本的美学价值和营销价值作出判断。商品销售方或服务提供方除了关注译文本能否帮助其扩大销量，也会对译文本在语言和文化的转换质量作出判断。译入语文化中的媒体除了判断商业翻译文本传播价值和道德规范价值，也会对文本的美学价值和营销价值作出判断。

2. 评价对象

商业翻译价值评价与商业翻译质量评价密切相关，但两者并不完全相同。商业翻译价值评价包括对翻译质量的评价，但又不限于翻译文本质量本身的评价，它考虑到翻译是一个主观实践认知过程。首先，商业翻译评价主体必然会对商业翻译译文本的质量作出判断和评定。译义本质量评价主要关注原义本和译义本的对比分析，考虑原文本与译文本的符合程度、原语文化在译入语文化中的再现策略、译文本自身的语言质量等。对译文本质量作出评价的主体包括原语方参与者，例如原文本作者、原语翻译委托方、原语方销售者、原语方媒体、译入语方受众、译入语方委托者、译入语方媒体等。当译者为集体翻译时，译者也会针对译文本质量作出评价，以求改进和优化协同。除了关注译文本质量，商业翻译价值评价还会将译文本的社会功能纳入评价体系。不同类型的翻译自然会产生不同社会功能的译文本。商业翻译译文本主要是借助译入语，通过文字、声音、图片、视频等形式传播商业信息，赢得受众认可，并激发他们的需求。译文的社会功能评价主体主要是译入语方，包括译入语消费者、译入语委托方、译入语媒体等。此外，商业翻译价值评价还包括对翻译过程中译事行为主体之间社会关系的评价。商业翻译本身是社会性极强的实践活动，商业翻译目的在于拉近商品生产者、销售者与消费者之间的距离。因此，积极维护商业翻译各参与方良好的关系是商业翻译价值的一个重要维度。其中，商品生产方、销售方与译入语受众之间的关系最为重要。和谐的双方关系是成功商业翻译的价值所在。和谐、融洽的原语方和译者关系、译者与译入语方关系也意味着商业翻译中信息的有效理解、任务的顺利实施和翻译活动的延续。

3.评价原则

商业翻译价值评价是一种基于商业活动的主客体认知实践关系，是一个动态的过程。商业翻译价值评价要遵循一定的原则，只有如此，才能较为准确地作出价值判断与评定。根据商业翻译价值的特点与性质，本书认为商业翻译价值评价应遵守五种原则：动机与效果统一原则、角色与作用统一原则、物质与精神统一原则、自我评价与社会评价统一原则和形成性评价与终结性评价统一原则。

（1）动机与效果统一原则

商业翻译价值评价要将翻译动机和翻译效果结合，就要对商业翻译价值作出综合、客观的评价。只考虑翻译效果却忽视翻译动机就很难对译者作出客观真实的评价，很难区分译者的有意识误译和无意识误译，不利于引导和规范翻译各参与方译事行为，久而久之商业翻译可能会背离翻译本质。过分强调翻译动机而罔顾翻译效果则又违背应用翻译的初衷，难以调动翻译各参与方的积极性和创造性，难以实现各参与方的翻译目的，并使商业翻译价值落空。

（2）角色与作用统一原则

商业翻译价值评价是一个复杂的过程，涉及各商业翻译译事行为主体及其社会关系。对各参与方而言，评价的标准和角度应有所不同。因此，商业翻译价值评价要考虑到涉及主体的角色和作用。例如，价值评价涉及翻译委托方时，要充分考虑委托方在发布商业翻译任务、寻找并确定译者上发挥的决定作用。如果译者翻译动机不纯或职业操守不高，那么委托方在商业翻译中的努力就不足，价值评价偏低。同样处于价值评价中心地位的译者，其主要任务是负责语言转换，如果译者在翻译商业原文本上没有明显的过失，但因未考虑到商品市场细分、受众特点等营销因素，没有取得理想的营销效果，就不应过分被苛责，翻译委托方应尽的告知和信息分享的责任不应被忽视。

（3）物质与精神统一原则

商业翻译价值评价不同于商业价值评价，后者主要关注物质利益，而前者还要考虑翻译的社会作用。一方面，只关注物质利益的价值评价可能会错误地引导商业翻译各参与方一味追逐商业利润，忽视社会责任和道德操守，也会导致商业翻译译者忽视翻译的艺术性，为了追求物质利益去违背诚信、歪曲事实、弄虚作假。另一方面，如果商业翻译价值评价过分强调精神方面价值而忽视物质价值，商业翻译就失去了其应有的效率，正常的国际商业交流活动就要受到阻碍。

（4）自我评价与社会评价统一原则

商业翻译价值评价可分为自我评价和社会评价，两种评价方式互为补充，互相促进，缺一不可。自我评价可以帮助价值主体更好地进行自我反思，不断提升工作效率，改进与其他翻译参与方的社会关系，增进对翻译任务中各要素的认知水平，促进翻译任务顺利完成。自我评价是价值主体对自身实践活动的主观评定，而社会评价则是他者对价值主体实践活动的客观评定。社会评价有助于价值主体更加全面客观地认识自我实践活动，能够校正个人价值观，发现不足、弥补缺失，对价值主体的实践活动有较好的监督、引导和约束作用。

（5）形成性评价与终结性评价统一原则

形成性评价与终结性评价是两套互相独立而又相互影响的评价体系。随着研究视角的延伸和评价多元化趋势的影响，形成性评价愈来愈成为人们进行价值评价的重要手段。商业翻译是一个各方高度互动、整体协调的翻译过程。终结性评价无法在翻译过程中调动各方积极性，不利于实现对翻译过程的动态优化，更难以实现翻译各参与方的价值共创。形成性的翻译价值评价既有利于促成生产者、销售者与消费者的密切沟通，又能够将各方的努力汇聚于译者，推动译者能力的提升和商业翻译价值的增长。尽管如此，终结性评价在很长时间内仍然是商业翻译价值评价的主要手段，这主要因为商业翻译常常以项目运行为主要形式，译事行为各方强调评价的效率性和便捷性，评价资源的有限性也限制了形成性评价的普遍应用。因此，商业翻译价值评价既要强调形成性评价的重要意义，又要重视终结性评价的现实意义，评价各方要严于律己，宽以待人，在价值评价的客观性和效率性上寻求适当的平衡点。

第四章　商业翻译心理学

21世纪以来，心理学被广泛应用于社会生活的诸多方面，已经产生多个不同领域的分支。翻译心理学在翻译研究中尚属于较新的领域。目前国内外对翻译心理学的研究还未形成成熟的体系。与翻译心理学相比，商业心理学研究成果较丰富，研究应用也较为广泛。商业翻译心理学将翻译心理学和商业心理学两者合一，既考虑到翻译过程中语言转换背后的心理活动规律，也兼顾商业交流中消费者等目标群体的心理需求。

一、翻译心理学概述

（一）心理学

心理学是关于个体的行为及心智过程的科学研究。行为即行动，主要指人或动物可观察的行为。心智活动是人类的心理活动。心理学既研究人类的心理活动，又研究动物的心理活动，但主要还是以人类的心理活动为研究重点。心理学的研究对象主要包括个体心理、个体心理现象与行为、个体意识与无意识、个体心理与社会心理等。心理研究的目的是探索心理现象发生、发展和变化的规律并对个体和群体行为进行描述、解释、预测和控制。随着社会生活需求的提高和心理学邻近学科的发展，心理学研究也日益成熟，成果不断。心理学家开始将研究聚焦行为与经验的各个不同领域，并不断将其他学科与心理学研究相结合，逐渐形成心理学的众多专门领域，例如教育心理学、发展心理学、健康心理学、军事心理学、劳动心理学、文艺心理学、体育运动心理学、航空航天心理学、组织管理心理学、司法与犯罪心理学等。

（二）翻译心理学及其研究对象

苏联语言学家巴尔胡达罗夫认为翻译是一种心理过程，即大脑皮层活动的某种形式（蔡毅，1985：28）。美国翻译家霍姆斯(1988：83)指出翻译活动受到译者大脑中原文本和译文本的映射图的制约。

按照《中国译学大辞典》的释义，翻译心理学是"一门研究翻译心理的交叉科学，与心理学、脑神经学、语言学等学科有着极其紧密的关系。翻译过程从本质上看是心理的、认知的，它不仅表现为原语输入和译入语产出这些外在的言语行为和言语事实，而且反映了译者语际转换的内在心理机制和言语信息加工的认知过程"（方梦之，2013：252）。翻译心理学也称为心理翻译学，从性质上看属于应用心理学。该学科综合运用普通心理学、认知心理学、社会心理学、文化心理学和文艺心理学，以科学和文艺的方法对翻译现象、翻译活动、翻译行为、翻译过程、翻译原理等进行阐释、论述、分析和诠释，从而解释翻译的本质，以求得到翻译学意义上的理论总结的一门交叉学科。作为一门交叉学科，翻译心理学的研究对象分为翻译、心理和语言三个主要领域，其研究主要覆盖翻译与翻译心理、翻译与认知、翻译与语言理解、翻译与语言生成、翻译与记忆、翻译能力与语言习得等。其中，紧紧围绕翻译活动过程的翻译认知心理过程、双语转换的认知心理机制等是翻译心理学的重点研究领域。

（三）国内翻译心理学历史与现状

翻译心理学或译者心理学研究在我国可追溯至上个世纪初，傅斯年先生在其《译书感言》中首次提出了"译者的翻译心理"概念。林语堂（1933：77）于1933年在《翻译论》论述了"翻译的问题就可以说是语言文字及心理的问题……必先明语言文字及行文心理的事实"。此后，国内学界很少再有专门针对翻译心理学的研究。改革开放之后，伴随国内外学术交流的频繁和心理学等相关学科的快速发展，翻译心理学研究也日益受到国内学者的关注。1987年陈梓（1987：63-65）在

《阅读心理转换是文艺翻译再创作的基础》中提出翻译是译者"心理转化的过程",并以心理学微视角提出了翻译本质和过程的新论断。徐育才(1989:32-36)结合自身翻译实践,以"触发、静思、入迷"三种态势审视翻译活动,认为翻译心理学立足"同一性与差异"。随后不少学者,例如王步丞(1996:10-11)、姜秋霞(1997:40-43)等将翻译心理学与文学翻译研究相结合,研究文学翻译民族心理差异、译者心理状态、文学翻译的主体审美过程之意象再现等问题。此后,国内学者开始将翻译心理学研究成果应用于实用翻译研究。1999年方梦之(1999:3-5)将翻译活动中译者工作心理划分为完善自我、表现自我和实现自我三个阶段,三位一体,构成一个循环的心理图式,为译者心理学研究提供了新的视野和思路。吕航(2000:29-31)在《关于建立翻译心理学的构想》中提出翻译心理学以译者心理活动为研究对象,旨在揭示翻译过程中译者的内部心理机制、心理活动的规律和特点,并将之应用于翻译实践,为翻译心理学提供心理学基础。2001年,颜林海(2001:24-28)在《翻译心理学:亟待承认的一门新兴的交叉性学科》中将翻译心理学界定为研究译者从接受原作到再现原作过程中心理活动规律的科学。此后,刘绍龙(2007)、李奕(2008)和陈浩东(2013)纷纷出版翻译心理学专著,从翻译心理形成、翻译学科性质、翻译研究方法、翻译思维机制、信息加工、双语翻译心理等多个角度为翻译心理学的发展拓展了研究方向,奠定了研究基础。

从20世纪翻译心理学概念的提出,经20世纪中后期的过渡,到21世纪开始快速发展。翻译心理学研究文本也从最初以文学体裁为主逐渐发展到科技、广告及网络流行文本,翻译心理学的研究角度也从根据个人翻译实践探讨译者或作者的审美心理、民族心理、文化心理到关注消费心理、学习心理、历史社会心理等。尽管如此,翻译心理学在我国仍是一门不成熟的学科,其研究的应用价值还有待于进一步发掘。

二、商业翻译心理学概述

(一)商业心理学

商业心理学是将心理学知识运用到商业行为的一门学科。这一学科可上溯至 20 世纪初。1908 年美国心理学家史考特出版《广告心理学》，首次系统揭示了心理学如何影响人们的消费行为和广告运作。"一战"之后，心理学被广泛应用在工商界。1919 至 1924 年宾汉在"卡耐基技能所"开发创立"营销研究部"，尝试以心理学解决商业经营问题。无独有偶，在此期间卡特尔于 1921 年创立了"心理学公司"，并邀请企业家入股以推动产业的发展。"二战"后，心理学在工商界的应用日益广泛与活跃，并催生了组织心理学、广告心理学、组织行为学、营销心理学、消费者心理学等较为细致的研究方向。商业心理学主要包括两大领域，即消费者心理和营销者心理。两个领域相互依存、相辅相成。不过在现实生活中，两个领域对彼此的了解十分有限，这也是不少商业案例失利的内在原因。

（二）商业翻译心理学特征

1. 任意性

商业翻译多属于项目任务，社会关系复杂，项目持续时间长，译者个人语言文化和科学知识素质存在较大的差异性，影响翻译心理的外部因素也充满不确定性和多变性，因此译者的翻译心理存在任意性。翻译心理的任意性在翻译活动中主要体现为译者主观情感的多变和译文本客观形式的多变。在商业翻译过程中，译者可能会因一些细节的变化产生心理情绪的波动，时而信心满满，时而灰心丧气。例如，在商务谈判中，译者的心理状态很可能会随着商业项目的进展发生变化，他的喜怒哀乐可能并非来自语言文字的翻译任务，但是这种情绪的变化又与其翻译策略的选择和翻译任务完成的质量息息相关。翻译心理的任意性还体现在译文本的客观形式的变化。这种变化是万变不离其宗的，不同形式的译文本的信息效度一致，变化的是用词、句序、语言结构、心理表达形式等。

2. 规约性

商业翻译心理的规约性正是对商业翻译心理任意性的约束和制衡。这种规约性主要来自受众、商业文本规范、委托方意愿、翻译伦理等方面。正是由于这种规约性，译者不可能随心所欲地对原文本进行篡改，也不可能任由自身的不良情绪影响翻译任务的实现。商业翻译是一种社会活动，翻译参与方特别是译者会在翻译过程中同各方产生密切的互动和联系。正是在这张无形的关系网的左右下，译者的心理活动不断被约束、引导和影响。就人际关系而言，在商业翻译活动中，对译者心理影响最大的译事行为主体是译文本受众和翻译委托方。译文本受众是译者服务的中心对象，受众的需求会在一定程度上规约着译者的心理活动，并进而影响翻译策略的选择。同样，翻译委托人也会在很大程度上影响译者的心理波动和翻译策略的选择。此外，商业翻译译者在语义表达和译文本生成过程中还要遵守商业翻译应用文本规范，按照商业文体特征组织语言、表达信息。由于应用文本比文学文本的规约性要强，商业译者在心理活动和语言表述中的任意性要明显低于文学文本译者。

3. 层级性

翻译心理层级性与翻译者经历、文本处理涉及的心理活动难度相关，表现出与经历时间长短、翻译心理活动形成频率高低、译者相关背景知识多少成正比例关系（李奕、刘元甫，2008：101）。翻译心理活动的层级可以依照其外显的译文本划分为词汇水平、语句水平和语篇水平心理活动。翻译心理的层级性由语言生成的自然规律所决定，因此在某种意义上，商业翻译心理活动的层级性也是一种阶段性。这种阶段性和层次性主要取决于译者自身的能力水平和翻译活动的阶段。在开始阶段，译者的翻译心理活动主要聚焦在词语层次，随着译者能力水平的提升或翻译活动的不断深入，译者的翻译心理活动开始上升至语句水平，最后随着译者水平的提升或翻译活动的深化，译者的翻译心理活动开始集中在宏观语篇层次。在商业翻译中，口译人员的心理表现是商业翻译心理活动层级性的最好例证。一方面，初级口译人员常常关注单词量的积累，认为词汇是商业口译中的最大障碍。对于中级和高级口译人员来说，理解原文本后，信息在句篇层次的重组反倒是口译中最大的挑战。另一方面，对于所有口译人员来说，刚刚承接一项商业口译任务，口译人员首先要熟悉待翻译领域的专有词汇，进而在翻译过程中将口译注意力转移到语句和语篇层次。

4. 开放性

商业翻译心理活动具有很强的开放性，这主要由商业翻译心理活动涉及的复杂社会关系、商业翻译文本传播广度和商业翻译资源的开放性所决定。商业翻译涉及的译事行为主体较为复杂，多种主体互动下形成了不同主体间的雇佣与被雇佣关系、服务与被服务关系和协作互动关系。这些社会关系对译者来说是一种约束，也是一种监督，译者的翻译自由和创造性受到限制。译者的一举一动都在众目睽睽之下，其心理活动也一同暴露在众人面前。此外，商业翻译不同于文学翻译，其译文本特别是商业营销文案、广告文本往往被认为是商业交易的载体，社会对其译文本著作权的认知并不到位。同时，在互联网和媒体信息技术高度发达的今天，商业文本已经充斥人们社会生活的每一个角落。在翻译活动的实施过程中，译者的认知和表达都体现了较强的开放性。在认知阶段，译者会参考商业原文本的平行文本，以期更加清楚客观地理解原语信息，而在翻译的输出阶段，译者的思维表达和外在的语言结构也会受到同类商业翻译文本的影响。这种影响可能是译者在日常生活中耳濡目染慢慢形成的，也可能是译者在翻译过程中主动学习借鉴而产生的。

5. 趋利性

商业翻译心理活动还有较强的趋利性，这主要表现在商业翻译译事行为主体的心理活动动机与商业利益紧密相关。"动机"一词来自拉丁语 movere，意为"趋向于"，是对人的行为的激发、维持和指引（彭聃龄，2019：334）。商业翻译心理活动的动机趋利性也分为外在和内在两个方面。一方面，由于译者本身出于商业活动中的受雇佣关系，译者的翻译动机必然是满足委托方的需求，以实现个人的利益满足。这种翻译动机的外在因素也是委托方对翻译活动施加影响的表现。另一方面，在商业翻译中译者的身份常常多元化，译者有可能还是销售员、营销员或项目经理，翻译活动不仅仅是一种语言转换活动，很有可能与其个人经济利益紧密关联。这种出于经济利益考虑而权衡翻译策略、提升翻译质量的动机是一种内在的趋利性。

6. 互惠性

在商业翻译中，译事行为主体共同构成了翻译活动的整个过程。在典型的商业翻译过程中，原作者撰写原文本，委托方发布翻译任务，译者承接任务产生译文本，媒体方发布译文本，受众或消费者使用译文本。与文学翻译相比，商业翻译讲究务实和利益，译事行为各参与主体虽然翻译目的和动机各有不同，但商业利益最大化是各方追求的共同目标。在此目标下，各方会以合作共赢的商业意识处理彼此关系，共同推动商业翻译的顺利进行。例如，原作者在撰写文案时如果清楚了解商业文本的译入语环境，那么他就有可能在文本风格的选择和意境的构思上主动靠近译入语受众，使文本更具受众友好性。互惠性在译者的心理活动中最突出的表现是翻译策略的决定，译者在确定翻译策略时绝不会只考虑忠于原作者和原文本，必定会把更多的注意力放在满足委托方和消费者的需求上。在发现消费者需求的过程中，译者也会将自己对潜在消费者的需求认知同委托方或销售方分享，以便后者调整销售或营销方案。

7. 从众性

商业翻译心理活动具有从众性，也就是说商业翻译译事行为主体在认知、思维和表达阶段表现出自觉或不自觉的模仿行为。例如，原本作者在创作原文本时可能会在词汇、句式和语篇上贴近当下最新潮的表达，以拉近文本与受众的心理距离。这种从众表述确实让受众倍感亲切，由此他们更加容易接受文本所传递的商业信息。译者在翻译时也会出于同样目的采用新潮主流的语义表达，同时在一些需要突破原文本形式的地方进行信息重组和整合。译文本使用者在译文本信息认知和接受程度上也容易受从众心理的影响，这也为商业营销文本的撰写提供了思路。然而，商业翻译心理活动的从众性是一种普通的心理倾向。这在某种意义上是对翻译创造性的抹杀。在商业翻译过程中，译事行为主体要以正确的态度对待从众性，扬长避短，确保商业翻译活动的顺利进行。

三、商业翻译译事行为主体心理需求

需求是有机体内部的一种不平衡状态，它表现为有机体对其内部生存环境和外部生活条件的要求。不平衡分为生理和心理两种，当需求得到满足时，不平衡的状态就会消除，当新的不平衡状态出现时，需求再次产生。需求是个体活动的基本动力，也是个体行为的重要源泉。需求按照起源可以分为自然需求和社会需求；按照对象可以分为物质需求和精神需求。在商业翻译活动中，译事行为主体也有各自的心理需求，由于不同译事行为主体的心理需求存在重叠，又各有差别，本书拟从译事行为主体三方来做论述。

（一）原语方

商业翻译中原语方主要包括原作者和可能的翻译委托方。对于原作者来说，他的心理需求主要是理解原文本委托方意图，清楚把握商品或服务等商业信息，完成创作。如果原作者事先知道其创作的商业文案会被翻译用于译入语营销，本着互惠原则，原作者可能还会有理解译入语受众和译入语文化的心理需求。在商业翻译中，翻译任务的委托方有时来自原语方，例如，我国的对外出口贸易中商业文本的翻译任务多数由国内出口企业发起。在这种情况下，委托方需要预判译文本在商业活动中的作用和可能产生的译后效果，需要描述翻译任务并提出具体要求，需要对译者进行选择，并作出决策。此外，委托方还需要对译入语环境有所了解，并对译入语潜在消费者群体进行调查分析，以期迎合译入语受众。

（二）译者

商业翻译活动中的译者主要是翻译个体或翻译团队。按照译者的文化归属，商业翻译译者可以分为原语译者和译入语译者。前者指的是母语为原语的译者，这常见于出口贸易和对外推介的商务活动；后者指的是母语为译入语的译者，这常见于进口贸易和引入类的商务活动。商业翻译译者的心理需求主要集中在满足委托方的翻译要求，正确理解原文本，感知原作者的心理感受，全面掌握原文本描述的客体信息，准确把握译入语受众特点和内在需求，将商业信息通过译入语准确表达出来。

(三)译入语方

商业翻译活动的译入语方主要是译入语文本使用者、译入语翻译委托方、译入语媒体等主体。消费者作为译文本的首位使用者,在整个商业翻译活动中处于中心地位。消费者是各方服务的对象,其需求是各方努力的动力和目标。在商业翻译中,消费者的心理需求是获取关于商品或服务的信息,并满足自己的物质或精神需求。译入语翻译委托方常见于进口贸易业务中,委托方需要将原文本翻译成译文本,方便在自身文化中发布并传播。译入语翻译委托方的心理需求与原语翻译委托方较为类似,但又有所不同,其主要区别在于译入语委托方对译入语受众的心理特点较为熟悉,在此方面的心理认知需求并不强烈。译入语媒体也是译文本的使用者。出于其职业利益,媒体方需要译文本对译入语受众有充分的吸引力,产生尽可能大的话题效应和良好的传播效果。

四、商业翻译译者心理活动分析

(一)译者的双语心理与心理定势

1. 母语心理

母语心理涉及语用者个体、社会、历史、地理、时间、年龄、性别、情感、交际目的等,并随话语交际的延伸不断调整。其产生、发展和应用同整个母语使用者的心理共性和心理个性是一致的。母语的生成、表达、接受与交换具有瞬时性和高效性,其语言心理的读取和提取准确、快速,心理活动的内容和形式在初级、中级和高级语言上全面遵守习惯性表达和接受心理,并允许个体对一般语言心理进行调整或创新。

2. 外语心理

外语心理主要表现为外语使用者不同的认知观和世界观、不同的语言心理表达观念、以母语的表达习惯和接受心理看待外语使用者的一般性语言心理和特殊性语言心理活动。当认知方式和认知心理相吻合时,不同的语言之间会产生语言心理机制的共同表象,这也为不同语言间的相互转换提供了可能。

3. 语言心理迁移

语言迁移是一种心理现象。按照行为主义心理学的解释，语言迁移是人们以语言为媒介，运用已知的知识图式去描述、解释未知的知识图式的心理认知倾向。语言迁移心理可以发生在语内，也可以发生在语际。翻译活动是一种典型的语言迁移。在翻译中，译者可能会产生两种不同的语言迁移心理。当译者母语中的固有知识图式与译入语知识图式结构存在重合时，译者就会受到鼓舞，试图使用母语图式结构去描述、解释更多的译入语语句，造成语用失误和句型结构单调。这就是一种负相关翻译心理迁移。当译者母语的知识图式与译入语的知识图式差距较大时，译者就会发挥主观能动性，加强对译入语未知事物知识图式的认知，产生丰富多样的译文本句型与结构。

(二) 商业翻译译者心理性格投射效应

译者在翻译时常常将个人的感情、性格、爱好兴趣等投射到译文本上，表现为翻译文本的选择、翻译风格和策略的选择。这就是译者心理的投射效应。以译者的性格特征为例，不同性格的译者在处理同一个翻译任务时作出的判断和采用的翻译策略就会相同。心理学将人的气质分为多血质、胆汁质、抑郁质、粘液质四种类型。多血质类型的人活泼外向，擅长与人沟通交际，但为人浮躁，毅力不足。该类型的译者比较适合从事商务英语口译等需要露面的社交活动，其出色的社交能力可以帮助确定商业营销文案的翻译视角和满足译文本受众的心理需求，但是对商务合同或技术文件等需要字斟句酌的翻译任务就显得耐性不足。胆汁质类型的人积极进取、豪爽热情，但容易感情用事，性格急躁。此类译者适合团队翻译合作，在翻译词句的选择上灵活创新，能达到商业翻译对文本新颖、高效的要求，但不太适合担任商务谈判口译拉锯战式的任务。同时由于他们注意力容易分散，其译文本在词语搭配、段落衔接和篇章处理上可能难免有些粗糙。粘液质类型的译者谨慎、稳重，严守秩序，做事认真，对原文本的理解和译文本的表达处理仔细，选词以标准、正规、常用为主要原则，但缺乏创新意识，表达风格守旧，其商业译文本在传播吸引力上可能不足。抑郁质类型的译者心理情绪变化慢，但体验感强，善于捕捉他人情感需求和心理变化，懂得使用语言去感染影响别人，在文本优化上能够锲而不舍，但处事孤僻，为人悲观，自信不足，不太适合商务口译等心理压力大、单兵作战的翻译任务。上述四种气质类型先天遗传成分较大，但并非不可改变。在实际生活中，每个人都兼有四种气质类型，区别在于何种气质类型占据主导地位。从翻译实践来说，气质倾向对译者的心理和翻译表现发挥的作用比较有限，其缺陷完全可以通过译者后天努力和其他资质弥补。

（三）商业翻译译者心理活动过程

由于译者在商业翻译中处于中心地位，又是具体翻译活动的主要实施者，本书以译者为焦点探讨商业翻译的心理活动。从语言心理学来看，语言的理解和语言的生成是语言使用的两个基本心理过程。翻译作为两种语言的心理转换过程，可以分为译者对原语的理解和译者生成译入语的过程。综上所述，此处拟从原语理解分析和译入语综合表达来探索商业翻译中译者的心理活动。

1. 原语理解分析中的译者心理

从脑神经学来看，语言是人类独有的符号体系，是物质形式和内容意义的有机统一体，是人类传递、存储和加工信息的基本工具（陈浩东，2013，22）。同时，语言是思维的外壳，也是思维的工具，可以反映语言使用者的内心思维过程。人类对客观世界的认识和反应，要通过大脑，思维是人脑的技能，是人类反映、认识和改造世界的一种心理活动（高隆昌，2004：21）。人类对外部信息的认知和加工需要依靠大脑的机能。现代解剖学和脑科学研究表明，人类的语言信息处理主要依靠大脑、脑干和小脑的协同工作，其中大脑发挥着主要作用。大脑按照言语功能可以分为布洛克区、韦尼克区、角回区和爱克斯纳区，分别管理着人类的言语表达、感受、阅读和书写功能。同时，大脑还分布着丰富复杂的神经元网络系统，神经元负责语言信息的加工处理，这主要通过脑神经元的神经脉冲实现。当人类通过视觉、听觉、触觉等感官系统接受外界的语言信息时，大脑的神经元就会被激活，以不同速率的神经元脉冲将信息传入大脑皮层的不同区域，解码形成有意义的词句。语言的理解主要包括语音识别、词汇识别、组词成句的语法处理、语义推导等。外在语音信号是通过听觉神经传入大脑的颞叶两侧,而自身的阅读行为则是通过视神经传导至大脑枕叶区,再协同其他功能区域进行识别。词汇的识别则需要大脑颞叶区和中央后区激活语音串和语义之间的联络神经机制。词句的句法和语法处理需要大脑布洛卡区的参与,而语言理解的语义推导则是最终通过额叶区来完成(陈浩东,2013:25)。由此可见,语言的使用主要是依靠大脑的思维工作,而大脑思维过程是人类心理活动过程的外在物质表现。

从心理机制来看,语言信息的理解离不开信息的编码、存储和提取。这种编码、存储和提取的核心就在于记忆。记忆是一种复杂的心理过程,主要可以分为三种不同的类型,即感觉记忆、短期记忆和长期记忆。感觉记忆就是通过人类感觉器官,将声音、图像、文字、气味等外部信息以原始无分析的形式存储起来。感觉记忆容量大,但是持续时间较短。短期记忆可以暂时存储感觉记忆输送的信息和从长期记忆中提取的信息。长期记忆就是在大脑中可以长时间留存的信息。总之,人类的记忆存储来自于感觉记忆,然后通过短期记忆筛选、处理有用信息,再通过长期记忆对信息做进一步加工、比对和存储。以商务英语口译为例,译者在听到外界原语信息时,会将听到的语音语调存入感觉记忆,并立即将其与自己长期记忆中的单词、句型等"相似块"进行匹配,分析出听到的信息,这样听到的语音信息就被加工成了语言符号的形式,存储在译者的短期记忆中。这一过程就是译者的翻译理解过程。由此可见,要有效提升译者信息理解水平,除了要增强其对外部语音刺激的感知能力,还要注重其长期记忆量的储备。

从语言学来看,大脑处理的是内化的以神经物质为载体的言语,是脑细胞承载的通过感官系统获知的以自然逻辑和社会逻辑编组的符号的集合体。语言学本身就是以符号为研究对象的一门科学。符号可以进一步分为能指系统和所指系统。符号能指系统是符号的形式系统,主要包括符号的形状和读音。符号的所指系统是其意义系统,也是较为复杂的系统。不同符号之间的转换需要通过翻译活动来完成。符号之间的翻译必须是对等的,译者必须同时熟悉两种符号系统,并掌握一定的翻译技巧。现代语言学家索绪尔(1980:93)认为符号能指是表达形式,所指是概念内容。语言符号具有横聚合和纵聚合关系。前者是指语言符号在话语环境中与其他符号结成关系，而后者是指语言符号在能指和所指上的形状或意义相似。美国符号学家、哲学家皮尔士提出解释项概念，即信息在人的大脑中会产生一个对等的符号。这个对等的符号就叫作解释项。解释项就是对象在头脑中产生的概念。解释项并不是在所有方面都代表着它的对象，而是与一定的思想相关，这种思想是符号的场所。对象的真正含义存在于具体的话语符号过程中。符号、解释项和对象构成了皮尔士符号学说的三元关系。皮尔士的符号三元关系关注符号运动的过程，强调符号意义产生的具体符境，注重语用环境对语言符号意义的影响。美国哲学家莫里斯在《符号理论的基础》一书中将符号学划分为句法学、语义学和语用学三个部分，之后他又运用行为主义理论对这三个部分进一步定义，指出句法学研究符号之间的关系，语义学研究符号在各种指代关系中的意义，而语用学研究符号在其出现的行为中的来源、使用和作用（徐烈炯，1990：31-32）。现代认知心理学和系统功能语言学认为翻译是通过语码转换实现的语言活动，译者的主观能动性发挥着重要的作用。除了解码和编码能力，译者还必须要具备原语、译入语、文本类型、学科领域等方面的知识，具有充足的句法知识、语用知识和语义知识。英国伦敦中央理工大学语言学院教授贝尔（2011：137）利用认知心理学信息加工理论和系统语言学尝试构建翻译过程和译者心理活动模式，即著名的贝尔翻译模式。目前国内外也有不少学者使用心理实验的方式研究翻译过程中译者的心理机制，但目前能够系统描述翻译"黑匣子"工作机制的似乎仅有贝尔一人。贝尔1991年在《翻译与翻译过程：理论与实践》一书中将翻译过程分为分析和综合两个部分。翻译的分析阶段主要是原语信息的认知理解阶段，这一阶段可以进一步细分为句法分析、语义分析和语用分析三个子过程。句法分析由句法加工期来完成，后者由常用词汇存储、词汇搜索机制、常用结构存储和语法分析器四个部分组成。语义分析是由语义分析器对小句内容进行分析获得概念，以提取句法结构中的及物性关系。其内容主要包括过程类型、参与者类型及参与者在过程中的关系、命题内容、话语目的、情境成分、概念意义、语义意义等。该阶段主要是确定待保存的内容。语用分析由语用加工器完成，这主要是基于前两项过程来分离语义结构和提供语域分析。贝尔的研究一改过去纠结于原文本、译文本、翻译目的和社会文化的静态翻译研究，将关注点放在翻译心理转换动态过程，对译者心理活动的深入研究乃至人工智能和机器翻译的相关研究具有极高的参考价值。

2. 译入语综合表达中的译者心理

翻译活动是译者认知理解和综合表达的过程。与理解阶段相比，在表达阶段译者的心理活动更加复杂，创造性和能动性的发挥更加突出。按照贝尔的翻译模式，译者在完成对语言信息的分析后，便产生了完全不受语言制约的语义表征。在译入语表达阶段，大脑接受的信息被输送到思想组织器和计划器。思想组织器相当于信息加工模式中的中枢控制系统，其主要功能是整合分析结果，形成文本格局，监控信息并对语义进行修整。计划器对语义表征进行评估，决定是否翻译。在作出翻译的决定后，大脑便开始了信息综合过程，这一过程与分析过程正好相反。语用综合是语用加工器从语义表征获取有用信息的过程。在这个过程中，译者需要思考是否保留原文目的、是否保留原文本主位结构、是否延续原文本的风格。语义综合是使用译入语予以加工所获得的信息的过程，意在创造一种传达命题内容、产生满意命题的结构，供下一阶段综合使用。句法综合是句法加工器接受来自语义加工器的信息，对常用词汇存储和常用结构存储进行搜索、寻找合适词汇和恰当句子类型来表达命题的过程。

在商业翻译的综合表达阶段，译者会遇到多种心理挑战。首先是母语负迁移影响，这主要表现在翻译过程中的心理定势。心理定势指由一定的心理活动形成的准备状态，影响或决定同类后继心理活动的趋势。在翻译中，译者通过大脑对原语信号进行认知、分析、判断和记忆，并转换为译入语信号。在此过程中，译者对母语表达的心理定势会反映在认知和分析原语信号上。这种心理定势造成的信息输出困惑主要体现在词语搭配、语序表达、句法结构、修辞和习语使用上。其次，译者文化心理态度在双语文化转换特别是译语构建过程发挥着重要作用。翻译是语言转换的过程，也是文化交流的过程，在两种文化的交流比较中，译者不可避免地会偏向一种文化。这种文化态度受译者的教育和文化背景的影响，也反映了译者对母语文化的立场和外语文化的认知。译者的文化心理对其翻译策略的选择和译文本的确定发挥着至关重要的作用。在商业翻译中,当译者母语是译入语时,译者的归化策略反映的可能是译者强势母语文化的心理优越感,也可能是译者弱势母语文化的一种自我保护心理;异化策略则体现译者对其他文化的崇拜、猎奇、学习或包容心理。当译者母语是原语时,译者的归化策略则体现了译者充分考虑译入语受众的心理感受,具有较强的商业语言服务意识;而译者的异化策略则反映出译者的文化傲慢心理或违背商业营销的引导,这样的译文本及译者行为往往不利于商业活动的开展和商业目的的实现。再次,不当翻译心理也是译者在译入语表达阶段常常需要克服的心理挑战。译者个人能力有限、跨文化差异等因素会导致词汇、语法、逻辑、视点、语境、文化、语篇结构等不当翻译心理。不当翻译心理按照层次可划分为词汇不当翻译心理、语法不当翻译心理、逻辑不当翻译心理、视点不当翻译心理、语境不当翻译心理、文化不当翻译心理、语篇结构不当翻译心理等。从翻译心理学上来说,翻译心理敏感性由认知心理敏感性和运用心理敏感性组成。其中,运用心理敏感性指在翻译活动中译者对敏感性心理活动的内容和方式作出反应和反馈的速度和准确性。克服不当翻译心理的有效办法就是提高译者在翻译活动中的运用心理敏感性。最后,商业翻译译者的有意误译心态也值得一提。译者在翻译中常常面临两种语言认知模式相互冲突,与母语迁移相反,如果译者受到译入语认知模式的操纵,迎合译入语受众的认知体验,译文本就难以做到忠实于原文本,有意误译现象由此产生。有意误译有广义和狭义之分。广义的有意误译指译语和原语不对等翻译和种种变译手段。狭义的有意误译就是不用译入语中现成的对应词语而用其他词语。有意误译是译者主体性和创造性的表现,有多种表现形式。译者有意误译心理的产生有多种因素。接受美学认为文本意义的不确定性为译者主观创作提供了自由和想象空间。译者由于在认知结构、心理特征、个性气质、审美意向、生活阅历、时代背景等方面千差万别,其对同一文本的解读和再现也会各不相同。孙艺风教授(2003:6-12)就提出受到社会文化背景的干扰和限制,译者的作用会发生微妙的改变,原文本的历史背景会被忽略,原作者渗透在文章中的意图会被边缘化。译者有意误译心理受其翻译意图的影响,在商业翻译中译者的有意误译心理还受到商业利益的驱使。

商业翻译是一种明显的目的性行为，有其独特确定的服务对象和受众群体，需要满足特定的文化和商业需求。有意误译心理源于一定的社会政治需要、个人的政治目的、社会盛行的伦理道德观念以及译者心中预设的读者等（胡安江，2005：121-125）。有意误译并不同于无尺度乱译，它主要包括取义舍形、取义舍味、取音舍义、取美舍义、取义舍象、以象取象、取语用舍语义、语义超额和欠额等翻译形式（曾剑平，2015：43-47）。有意误译心理造成的后果是对翻译忠实标准的无情背叛。但有意误译心理并非一无是处，相反它是译者主观能动性的体现和译者努力的结果。中外译学史不乏有意误译心理的有益范例。例如，中国古代译经者们改变原文本的语言表达方式、行文顺序甚至是佛经原文本等，以迎合本民族文化，积极推动了佛教的弘传和中印两国文化的互动交流。不可否认，误译在佛教的传入中起到了一定的促进作用。再如，以庞德为代表的现代派诗人用中国式的英语翻译古典诗，引起了中国古典诗在美国诗义学界的流行，并催生了美国诗坛上一大批意象诗。同样，在商业翻译中，如果人们仍然抱着传统的忠实标准，过分指责译者为了迎合译入语受众心理而作出的种种灵活变通，那么这种标准下的评价很可能不利于商业翻译发展和商业活动的进行。

五、商业翻译译者职场心理

商业翻译的译者心理活动除了具有上述普通翻译译者心理活动共性外，还有自己独特的个性。这主要表现在对消费者和消费行为的心理认知、译者自身的职业人格和工作伦理认知、译者在商业活动中的学习和沟通能力等。

（一）对消费者和消费行为的心理认知

在翻译心理学中，译者需要认真了解译入语受众的心理需求、个人兴趣和义化倾向，以找到有效的翻译策略，确立适当的翻译风格，形成优秀的翻译文本。商业翻译需要译者对译入语受众进行分析研究，还需要译者关注译入语受众的消费心理，以确保自己的译文本具有较强的商业营销效力。消费者知觉是影响消费者个人行为的重要因素，了解消费者对商品信息的知觉和感觉历程对译者具体词句的表达和文体风格的确定至关重要。在商业活动特别是营销活动中，消费者通过视觉、听觉、嗅觉、味觉和触觉对商品信息刺激进行选择、组织和诠释，形成对商品的判断和解释。译者在构建译文本时就要通过语言强化对消费者知觉的有效刺激，满足消费者内心的个人期望，引起消费者兴趣，取得他们的信任。在展会口译、商务谈判等特殊的商业翻译场合，在面对面与译入语使用者交流过程中，优秀的译者可以通过沟通分析对方人格，针对不同人格类型从微观的词句选择到宏观的文化心理采取不同的沟通和翻译策略，以期达到最佳的交际效果。在跨境电商营销翻译中，译者需要清楚了解销售产品的市场细分，根据目标群体的性别、年龄、时代、阶层和受教育程度准确辨识目标群体的次文化需求，在词句使用、文体风格、意象创造和互动方式上采取个性化差异策略，有效提升文案的营销效果。

（二）译者的职业人格和工作伦理认知

商业翻译中译者也要形成正确的职业人格，否则会给商业翻译各方造成巨大的经济损失和伤害。职业人格从本质上来说就是一个人秉持的职场信念和认知，它是个人事业成功的根本保证。商业翻译译者要相信自我，发现自己的优势并善于经营自己的长处。同时译者要敢于面对失败、积极迎接挑战，善于自我定位。商业翻译译者要在翻译实践中不断修正自我认知，克服认知偏差。商业翻译译者要形成积极的内酬动机，将翻译视为一种报酬和快乐的源泉，不断培养和保持对商业翻译的浓厚兴趣。译者在工作中要树立宏大的目标，不断开发自我潜能，适时调整心态，勇于展现个人职业能力和人格魅力。商业翻译本身就是一种商业活动，具有很强的项目属性和团队协作性。译者要培养积极的行动力，靠克服职场恐惧心理、逆反心理和完美主义。译者还要形成良好的职业习惯，实现职业成功。

商业翻译译者在翻译活动中秉持良好的工作伦理能积极有效地推动语言交流和文化沟通。译者要以真诚待人，真诚可以让人身心愉悦，可以给予对方心理上的安全感。无论中国文化还是外国文化，真诚都是第一位的品质。译者要有热情乐观的情绪。心理学认为情绪具有传染性，因此在商业翻译中特别是商务谈判中，热情乐观的译者常常可以带动整个谈判环境，能够舒缓紧张、高压的谈判气氛。译者要有规则意识和大局观念。商业活动讲究规则，商业翻译也是如此。译者在工作中既要遵守商业规则，也要服从工作规定，同时要克服斤斤计较的心理倾向，以大局利益为重。此外，译者要学会尊重，懂得责任。心理学家艾宾浩斯的互惠实验证实尊重是一个相互的过程。在商业翻译活动中，译者如果能够尊重商业翻译译事行为各参与主体，也必定为自己赢得尊重，为自己的译作赢得更多的理解和宽容。商业翻译不同于文学翻译，译者承担的责任和风险要大很多，正因为如此，译者要有强烈的责任意识。同时，商业翻译多是团队协作项目，译者的责任感可以帮助克服群体合作产生的"旁观者效应"，确保翻译任务的质量和效率。

（三）学习和沟通能力

商业翻译译者还要有较强的学习能力和沟通技巧。在商业翻译中，译者经常面临背景知识、专业词汇和行业规则的挑战，需要不断扩大自己的视野和知识面，这就需要译者在不同阶段不断制定明确的学习目标。树立正确的学习观需要培养学习兴趣，明确学习动机，端正学习态度，善于利用负强化克服失误和解决问题。译者在提升翻译能力时也要将自己的学习目标合理划分，以梯度提升难度，逐渐达到较高的目标。商业翻译译者除了勤学好问，还要善于与人沟通。基于商业翻译译者特点，本书认为商业翻译译者的沟通技巧应该包括：第一，善于倾听。译者应该注意认真倾听，不要随意打断说话人，重视目光交流。第二，平等交流。平等是交流的基础。一方面，译者不要因为自己处于从属服务地位而感到自卑，不敢与原语信息发出者和译入语信息使用者充分交流；另一方面，译者也不能依仗一方可能的强势地位，而对另一方有任何轻视和偏见。第三，勤于互动。心理学家赫洛克的反馈实验表明反馈对结果的影响巨大。译者在沟通过程中要学会反馈技巧，掌握反馈的时机，往往能够起到事半功倍的效果。第四，换位思考。译者在商业翻译人际交往中也要学会换位思考，这样能够展示个人的宽容，赢得别人的尊重，同时缓和因商业利益冲突而导致的人际关系紧张局面。第五，充分利用非语言沟通手段。在商业翻译中，译者应积极运用非言语沟通手段，例如微笑、眼神、手势、体态等，向译事行为参与主体传达积极热情的情绪，从而有效辅助译者的语言服务，有力推动译事行为各参与主体突破语言和文化限制，高效沟通。

第五章　商业翻译伦理

伦理是一个哲学命题，也是道德问题；商业充斥着利益与交易，而翻译在某种程度上是一种对抗和屈服。虽然翻译伦理研究成果丰硕，但商业翻译伦理鲜有研究。不同于翻译伦理，商业翻译伦理研究的中心不再是忠实与叛逆，而是义与利、名与实。

一、伦理概述

从词源上来看，"伦理"一词来自于古希腊文"ετησs"，后来罗马人用拉丁文 moralis 来翻译 ethics，本意是"本质""人格"，也与"风格""习惯"的意思相联系。"伦"指的是建立各种关系，分清辈分次第，而"理"强调的是条理、规则、道理等。"伦""理"合在一起就是处理人伦关系的道理或规则。伦理学作为学科最早创立于公元前 4 世纪，中国的伦理学研究最早可上溯至先秦诸子百家时期。伦理与道德有天然的联系，"道德"一词由古罗马思想家西塞罗将亚里士多德著作中"ethos"（风俗）改译为"more"而产生，表示的是社会的道德风俗和人们的道德品质。因此，在词源上，"伦理"和"道德"是同一的。伦理作为处理人与人、人与社会相互关系时应遵循的道理和准则，是一系列指导行为的观念，是从概念角度上对道德现象的哲学思考。伦理的内涵十分丰富，不同时代、不同阶级和不同学派对伦理的范畴理解和把握可能都不尽相同，这也正是伦理作为社会意识的本质属性。

(一)西方伦理思想概述

西方伦理思想产生于古希腊奴隶制时期,在西欧和北美经过2 500多年的发展,形成了自然主义、神道主义、理性主义、情感主义、功利主义、意志主义等多个流派思想。古希腊罗马时期的伦理思想以调整个人与城邦之间的利益关系为核心,体现奴隶主统治利益的城邦良善秩序,思考实现个人幸福的必要性。中世纪基督教伦理思想立足于超验上帝的权威,思考道德生活的合理性,否定经验世界存在的合理性和美好价值,引导人们无条件地接受抽象神学道德的规导。西方近现代伦理思想随着资本主义生产方式的发展而发展,它强调维护人的主体性,探寻保障个人安全、自由和平等权利的社会交往规则和秩序。西方近现代伦理思想早期以契约论、功利论和义务论为主要代表,极力论证资本主义道德的合理性。

(二)中国传统伦理思想概述

中国传统伦理思想也可以分成三个时期,即春秋战国时期、秦汉至清末时期、清末至"五四"时期。春秋战国时期诸子百家思想竞相争鸣,其中孔孟儒家伦理思想逐渐成为这一时期占绝对优势地位的正统思想。儒家伦理思想以"仁""礼"为核心,强调以"仁"补"礼",维护父权家长制的封建统治秩序。这一时期以老庄为代表的道家伦理思想倡导"无为",反对世俗道德规范对人们行为的约束;墨家伦理思想则以"兼相爱,交相利"作为人际关系的基本伦理准则,具有强烈的功利主义特征;法家伦理思想主张"废私为公""任法去私",过度夸大"法"对人际关系的规范作用,否定了道德的存在和作用。秦朝统一六国以后,中央集权的封建国家制度日趋稳定,儒家伦理思想也在自身发展中不断汲取佛教和道教道德理论的精髓,逐渐形成"三纲五常""去人欲,存天理""重人贵生"等思想。清末的鸦片战争到"五四"时期是中国资产阶级发展并争取民主权利的重要时期,中国资产阶级思想家们引进西方资产阶级伦理思想,并将其与中国传统伦理思想相结合,系统地批判了"三纲五常"等封建伦理道德,提出"平等博爱""开明自营"等伦理主张,倡导积极进取的人生观和救国救民的英雄主义精神(章海山、罗蔚,2009:19-41)。

（三）中国特色社会主义伦理

马克思主义传入中国以后，中国共产党人在长期的革命建设过程中将马克思主义原理同中国革命和建设相结合，开始了马克思主义中国化的伟大实践。经过近百年的艰苦卓绝的奋斗，勤劳智慧的中国人民在中国共产党的带领下探索形成与中国特色社会主义国情相适应的社会主义现代道德文化。中国特色社会主义伦理思想源于对社会主义本质的深刻认识和科学把握，继承了中华民族的传统美德，倡导社会主义荣辱观，提倡国家人民利益居于首位，并充分尊重公民个人的合法利益，构建以人民为中心的执政伦理，以文化自信为根本的文化伦理，以良好生态为目标的生态伦理和以合作共赢为核心的国际关系伦理。

二、翻译伦理学概述

伦理学是 21 世纪的"第一哲学"，而应用伦理学是伦理学中最受关注的分支。应用伦理学是研究如何运用大的原则去分析解决现实生活中具体的、有争议的道德问题的学说。目前按照领域不同，应用伦理学可以分为政治伦理、文化伦理、经济伦理、环境伦理、生命伦理、科技伦理、行政伦理、企业伦理、传媒伦理、互联网伦理、翻译伦理等。翻译是两种语言间的转换活动，语言与伦理具有天然的亲密关系。语言承载着丰富的社会文化信息，蕴含特定个人甚至群体的道德判断和社会伦理观念。同时，翻译是对语言的转换，在语言的转换过程中，译者对原语作者和原语文化的态度和价值判断也是一种伦理表达。

（一）西方翻译伦理概述

德国哲学家施莱尔马赫于 1813 年在《论翻译的不同方法》中最早谈及翻译伦理。他认为，翻译有两种方法，一是译者"尽量不打搅原作者而将读者拉近作者"；另一种是译者"尽力不打扰读者而将作者拉近读者"（Douglass Robinson，2006：137）。这一观点突破了传统意义上的直译和意译的二元对立。一个世纪以后，翻译伦理概念由法国学者贝尔曼在国际哲学会议上正式提出，贝尔曼（1992：5）认为："翻译伦理是产生、维护翻译的真正目的。"他倡导尊重原文本，主张翻译差异，强调保存原文本语言和文化的独特性。加拿大著名翻译家芭芭拉·戈达尔将贝尔曼提出的翻译伦理概念视为"翻译的伦理转向"。韦努蒂（Laurence Venuti，2004：1）在《译者的隐身》一书中提出好的翻译应该是异化的翻译，它可以抑制民族中心主义对原文本的篡改，抵抗译入语的主流文化价值观，阻止其对文化他者进行帝国主义归化。之后，考虑到世界范围内不平等的文化、政治与经济关系，他又提出"因地制宜"翻译伦理，号召以翻译为手段抵抗发达资本主义国家在不发达国家和地区的"文化霸权"。皮姆（2007：178-183）从译者文化间性出发，从研究翻译伦理的新角度提出译者既不忠实于原语文化，也不忠实于译入语文化，而要忠于翻译过程及翻译的整个职业的翻译伦理观。由此可见，皮姆的翻译伦理观以一定的翻译目的为指导，综合考虑译者责任、经济、社会等因素的功能主义翻译伦理观。对翻译伦理研究具有里程碑意义的是芬兰学者安德鲁·切斯特曼（2001：139-154）的翻译伦理观，他在《圣哲罗姆誓言倡议》中提出四种翻译伦理模式：再现伦理、服务伦理、交际伦理和基于规范的伦理，之后又补充第五种模式——承诺伦理。再现伦理要求"准确再现原文本或原作者的意图，不增不删不做任何改变"。遵循"忠诚""对等"和"忠实"原则的翻译研究都是这种翻译伦理的体现。服务伦理"是翻译功能学派思想的基础，尤其是赫尔兹·曼塔里以及目的论倡导者的思想"。遵循本伦理的译者首先要忠实于客户，然后忠实于目标读者和原作者。交际伦理要求"译者作为中间传递者，应致力于实现跨文化理解"。遵循该伦理的译者会竭尽全力促成原作者和目标读者的理解与合作。基于规范的伦理强调译文本应遵循特定时期下具有特定目的文化的特殊规范，以便为目标读者所接受。

2002年切斯特曼在与爱尔兰学者威廉姆斯合著的《路线图——翻译研究方法入门》将翻译伦理划分为"不同类型的伦理""文化与意识形态因素""实践准则""个人与职业伦理"四个部分，为翻译职业伦理和译者个人伦理深入研究提供了丰富的思路。此后，西方翻译伦理研究开始趋于理性，对他者的关注日益成为翻译伦理研究的主流。

（二）中国翻译伦理研究综述

21世纪初，国内翻译伦理研究逐渐兴起，吕俊教授（2001：270）在《跨越文化障碍——巴比塔的重建》中借鉴德国哲学家尤尔根·哈贝马斯的交往行为理论，提出"在翻译研究中引入伦理学思想的必要性"，并倡导建立"翻译伦理学"。此后，2006年吕俊、侯向群（2006：77-93）在《翻译学——一个建构主义的视角》一书中进一步阐释了翻译伦理概念，并呼吁把承认文化差异性，尊重异文化，实现平等对话，促进文化间良性互动，作为各国普遍接受的行为准则和道德标准。国内学者从不同角度深化翻译伦理研究，有学者不断探索翻译伦理学概念，不少学者研究翻译伦理学学科建设，也有学者从翻译史角度展开翻译伦理研究，还有学者研究伦理视角下的翻译标准确定。《论跨文化伦理对翻译的规约》《翻译与伦理学》《翻译与翻译伦理》《翻译伦理学》《翻译伦理概论》《翻译伦理研究：译者角色伦理与翻译策略选择》《全球化背景下翻译伦理模式研究》等专著相继涌现，将译者、中间人、读者等因素纳入研究视野，拓宽了翻译伦理的研究视角，丰富了研究内容。在世界全球化程度高度发达的今天，传统译论中以原文本为中心的"忠实""对等"伦理观对翻译实践指导已显乏力，新的历史背景要求翻译理论研究者们探索呼应时代的伦理规范。

（三）翻译职业伦理

翻译职业伦理指译者在进行翻译活动时应遵循的基本道德，它是译者职业品德、职业纪律、专业能力、职业责任等的总称。翻译职业伦理既是译者在职业活动中的行为规范，又是行业对社会所负的伦理责任和义务。1963年国际翻译工作者联合会在南斯拉夫制定并通过《翻译工作者宪章》，规定一些与翻译密切相关的原则，希望帮助奠定译者伦理准则的基础，并为译者及其职业组织提供行动指南。在国际译联的倡导下，全世界已经有50多个国家制定了译者职业伦理准则。有学者针对各国的译者职业伦理准则展开过专题研究，发现各国翻译伦理准则主要涉及保密性、译者能力、译文本的忠实准确、译者的协作、翻译仲裁、译者的职业发展、翻译广告、译者公正性、译者责任与权利、非法文本、翻译费用等问题（涂兵兰，2018：20-26）。西方翻译伦理教育起步较早，到目前为止共经历规范标准制定、内隐式教学和外显式教学三个阶段。近年来，随着我国翻译活动的日益兴起以及翻译中介机构和译者数量的激增，译者泄露商业机密、抄袭剽窃、译文本粗制滥造、翻译公司价格欺诈、译者薪酬被无故拖欠等翻译职业道德失范现象屡屡发生，在一定程度上已经扰乱了翻译市场的正常秩序，给翻译活动的发展带来了负面影响。早在2001年，"翻译职业道德"就已成为当年国际翻译日的主题。2016年和2019年中国翻译协会分别召集行业从业机构和专家学者发起语言服务诚信承诺活动，制定《译员职业道德准则与行为规范》。目前国内除国家标准化管理委员会、国家级翻译协会、省级翻译协会发布的行为规范，一些具有社会影响力的语言服务企业和需求企业也制定了相关的道德准则。有学者调研了国内开设MTI教育的院校，发现仅有大约2%的教学单位开设了翻译职业伦理类课程。目前翻译伦理教育存在顶层设计精细度不高、理论支撑不足、内容琐碎重复、教学方法和内容设计不够科学、实践教学缺失、职业伦理教育评估不到位等问题（赵田园、李雯、穆雷，2021：26-33）。由此可见，我国翻译职业伦理意识建构和职业伦理教育任重道远。

三、商业翻译伦理概述

（一）商业伦理概述

自20世纪五六十年代美国社会出现一系列企业道德危机问题，商业伦理逐渐进入政界和学界视野。20世纪70年代美国福特公司旗下Pinto品牌轿车发生多起事故，福特公司并没有立即启动召回程序，引发社会热议。人们开始认真思考商业伦理问题。20世纪80年代以后，商业伦理学在美国进入全面发展时期。同时，日本商业模式的巨大成功也迫使美国企业、政界和社会反思伦理道德对企业经营和社会经济发展的巨大作用与价值。随后，商业伦理学很快进入高等教育领域，成为管理学的核心课程，关于商业伦理的国家标准和全球标准也纷纷出台，并为许多跨国企业和国际经济组织所接受。

由于经济发展水平的差距，商业道德和伦理问题在我国一直未受到重视。改革开放以来，虽然广告侵权、伪劣产品生产销售、虚假宣传等商业欺诈行为在我国屡有发生，但商业道德和伦理问题并没有引起全社会的广泛关注和学术界的深入研究。2008年，"三聚氰胺"毒奶粉事件将中国知名企业河北三鹿集团推上了风口浪尖。相关权威调查显示，以"三鹿"为代表的一批婴儿奶粉品牌存在人为添加"三聚氰胺"以提升牛奶蛋白质含量的不法行为。这一事件不仅让著名品牌"三鹿"毁于一旦，更一度让国产奶粉一蹶不振。从此以后，中国政府、社会和学术界开始重视商业伦理问题，商业伦理研究开始走进高校，商业伦理也成为政府主管部门、新闻媒体和社会大众评价企业和品牌的一个重要维度。

商业伦理主要研究商业活动中各种行为的伦理道德问题，它主要关注商业组织和个人遵循的道德标准，以及这些标准如何影响相关组织和个人活动。商业伦理研究主要有宏观、中观和微观三个层次。宏观层次主要研究宏观社会经济制度所体现的伦理问题和伦理责任；中观层次研究主要涉及参与经济活动的各种经济组织，例如厂商、公司、消费者组织、企业联盟、行业组织等；微观层次主要关注个人经济行为中的伦理问题。

（二）商业翻译伦理特征

商业翻译伦理是商业伦理与翻译伦理的结合体，属于应用伦理学研究的一个分支，主要研究商业翻译参与主体在商业翻译活动中处理相互关系的行为规范和准则。由此看来，商业翻译伦理的研究对象应该是商业翻译活动中各类利益相关方的关系和行为。因为译者是商业翻译译事行为主体的中心，因此本书中的商业翻译伦理关系研究基本围绕译者展开。

1. 功利性

商业翻译伦理的功利性主要取决于商业活动的逐利性，即追求利润最大化。商业翻译是一种语言服务，以实现商业利益为主要目的，同时商业翻译中的效率与效益原则也是功利性的主要体现。此外，如前所述，功利性对于不同的商业翻译参与主体意味着不同的利益主张。作为商业翻译伦理的基本特征，功利性一方面体现在确立具体的商业翻译伦理规范上，另一方面又是商业翻译伦理调整、规范的主要对象。因此，在商业翻译伦理研究中，功利性应该成为主要的考虑因素，以译者为代表的商业译事行为主体如果不考虑满足商业利益诉求，其行为也有悖于伦理。然而，如果译事行为主体一味追求经济利益，罔顾社会责任和大众利益，其行为也应受到道义谴责。

2. 文化限定性

商业翻译伦理不同于商业伦理，除了反映商业伦理的基本特征，还要受到翻译伦理的约束。如前所述，翻译伦理主要体现的是文化间的取舍与比较。商业翻译伦理观反映的正是人们对母体文化价值的认知和对该文化在交流中的期待。例如，异化翻译策略在译入语为强势语言的社会环境中受到的质疑可能就比在译入语为弱势语言的社会环境中要少得多。值得注意的是，商业翻译伦理体现的文化限定性本身是多变的，与经济紧密相关。以进口活动为例，如果进口国在经济地位和科技水平上弱于出口国，进口的目的是为了满足其迫切的经济社会发展需要，那么商业翻译中译者、受众和其他译事行为主体对出口国文化就会更重视。如果进口国在经济地位和科技水平上不弱于出口国，其进口的目的是为了满足非不可取代性的需要，那么商业翻译中译事行为主体对待出口国文化的心态就会平和很多。

3. 相对稳定性

伦理属于意识形态，是长期以来由所在社会的政治、经济、历史、文化、宗教等多种因素潜移默化形成的。伦理的演进与变化具有长期渐变性。商业翻译伦理亦是如此。虽然外部商业环境可能变化较快，文化间的交流日趋紧密，多元文化意识日渐活跃，翻译研究多次转向，但公平交易、平等对话、合作共赢等仍是商业翻译伦理的主流价值观。相对稳定性保证了商业翻译伦理评价与研究具有开放性，即译者和委托方之外的其他商业翻译行为参与主体可以广泛地对商业翻译行为进行伦理和价值的评价与研究。相对稳定性也使得商业翻译伦理评价、商业行为评价和商业纠纷仲裁具有互通性和可借鉴性。相对稳定的商业翻译伦理可以保证对译者、委托方、传播者等商业译事行为参与主体的道德评价和价值判断更加细致、具体和可信。

4. 专业性

专业性是应用伦理的共同特性，但这种专业性也要以符合普遍伦理为前提和基准。商业是商品服务的交换买卖过程，而翻译是语言文化的交流转换过程。商业翻译伦理既要考虑商业性，又要考虑翻译性，其基本的伦理规范明显不同于科技伦理、法律伦理、政治伦理、环境伦理等其他应用伦理。商业翻译伦理的专业性主要体现在语言的转换和文化的交流上，前者指的是译文本内容忠实于原文本和语言文字表达要通顺优美，而后者主要是指原语文化和译入语文化的对比交流，在商业翻译中是否出现文化自卑、狭隘民族主义等极端文化态度。

5. 依附性

翻译伦理在规范性上不像其他应用伦理那样具有高显性，这主要因为翻译伦理相比其他伦理涉及群体较为有限，同时也与翻译的服务性和依附性有关。商业翻译伦理具有较强的依附性，它的调节作用和规范功能在很大程度上要依靠商业伦理发生作用。不同于传统的翻译伦理，商业翻译伦理评价和功能发挥在某种意义上取决于商业翻译行为中信息传播渠道是否顺畅、传播效果是否有效、译文本文案营销诱导力的大小和译文本语言服务功能的强弱。与专业性相反，依附性更多体现了商业活动中的人际沟通、信息传播、需求创造、服务满足等几个基本构成要素。

6. 矛盾性

商业翻译伦理集商业伦理和翻译伦理于一身。商业翻译伦理的矛盾性体现在商业和翻译两个方面。从翻译上来看，商业翻译伦理涉及忠实与通顺、美言与信言的传统矛盾。从文化交流上看，商业翻译伦理的矛盾性也体现在译事行为主体原语文化和译入语文化的抉择上。从商业行为本身来看，商业翻译伦理还存在商业活动的现实性与文字翻译的文学性之间的矛盾冲突。此外，商业行为买与卖两方也是一对矛盾对立体。总的来说，利与义、信与美、买与卖、同与异等不同价值维度的判断与取舍构成了商业翻译伦理的矛盾性。

7. 滞后性

伦理具有滞后性，这主要由伦理的"传统惰性"和"体制习惯性"造成的。这种现象也就是人们常说的"老观念"和"惯性思维"。它的主要体现是：环境变化了，而旧的伦理观念还没有随之变化。商业翻译伦理也是如此，其伦理观念的发展也难以与时代的进步保持同步。例如，近年来，国际商务活动越来越依赖互联网虚拟平台。跨境电商业务的发展为传统外贸业务带来变革，基于虚拟平台的商业翻译活动更容易出现知识产权侵权行为，而传统商业翻译伦理可能很少关注这一领域，这就导致公众对商业翻译知识产权保护意识较为淡薄。然而，与传统伦理观念不同的是，商业翻译伦理冲突本质是一种物质利益冲突，人们会尽力创造条件以解决伦理冲突，因此商业翻译伦理的滞后性不会持续很长时间。

（三）商业翻译伦理功能

1. 规范功能

商业翻译伦理的规范功能体现在对商业翻译译事行为主体的"立规"和"示范"作用上。商业翻译伦理的这一功能类似于游戏各方在开始游戏前，对游戏规则和权利义务的认同和了解。规范功能的最大意义在于指导商业翻译译事行为主体正确选择自己的行为，理解他方的正当诉求和利益，在不违背商业道德、职业操守和行业伦理的前提下以合法合规的手段实现个人利益最大化。

2. 调节功能

与规范功能不同，商业翻译伦理的调节功能主要着眼冲突的解决和关系的维护。这主要是通过其特有的评价和约束方式来指导和纠正各参与主体的行为。人际关系实际上是一种利益关系，各参与主体对利益的取舍就会产生道德问题。由于立场、目标和参与角色的不同，商业翻译译事行为主体有不同的利益追求和价值认知。利益冲突导致道德危机，商业翻译伦理可以帮助各方交流沟通，维护自己的利益主张，以求说服对方理解己方立场和利益关切。

3. 教育功能

商业翻译伦理的教育功能是指帮助商业翻译译事行为主体认识和形成正确的

商业翻译伦理观。这一点是商业翻译伦理较为个性化的功能，该功能的实现可能早于相关主体开始商业翻译活动。以译者为例，商业伦理教育功能可能在译者职前教育时就已经开始。目前不少高校翻译专业已将翻译伦理纳入专业课程，在未来译者入职前就已经开始商业翻译伦理教育。此外，教育功能还体现在商业翻译译事行为各参与主体不断调和彼此关系，修正自己已形成的价值观和道德标准上。

4. 导向功能

商业翻译伦理的导向功能体现在商业翻译译事行为主体（主要是非个人组织）通过相关职业道德、行业规范和标准，引导商业翻译参与主体向期待的方向发展。这一点和商业翻译伦理的教育功能类似，但又不完全一样。教育功能在于主体伦理观的塑造与形成，而导向功能则重在鼓励和引导相关主体作出相应行动，维护主体间和谐的伦理关系。同时，商业翻译伦理的导向功能在超越个人层面也具有重要的意义。它可以帮助企业更好地开发人力资源，提升经济效益，有利于政府部门更好地规范和管理相关商业活动参与组织体，甚至可以帮助国家通过商业翻译振兴本国文化，增强国家软实力。

5. 凝聚功能

商业翻译伦理的凝聚功能指通过伦理的宣传和教育，将志同道合的参与主体汇聚在一起，为了各方共同的利益目标完成商业翻译任务。同时，商业翻译伦理的凝聚功能还体现在企业公司、翻译团队、行业组织等通过引导、整合员工或成员的需求和期望，增强组织凝聚力和战斗力，提升工作效率，节约工作成本上。同样，商业翻译伦理对于塑造企业的核心文化、提升企业综合竞争力也具有重要意义。

6. 激励功能

商业翻译伦理也具有积极的激励功能，因为商业翻译译事行为主体特别是译者对自己译事行为的社会意义和价值认识越清楚，其工作就越有信心和动力。这种精神激励是物质激励的有益补充，物质激励无法代替。无论是专业的翻译公司还是企业的翻译部门，成熟稳健的商业翻译伦理都是企业文化的重要组成部分，为企业员工提供了新的精神追求，能够激发员工工作热情，提升管理绩效。

(四)商业翻译伦理作用

1. 约束翻译行为,营造良好的翻译生态环境

商业翻译涉及多个主体之间的商业关系和翻译关系,影响因素较多,主体角色复杂。和谐稳定的主体关系有利于商业翻译活动的顺利开展,有利于各参与主体利益的实现。然而,和谐的主体关系是相对的,各主体之间立场和利益诉求的差异必然导致商业翻译过程中伦理冲突和价值矛盾的频繁出现。商业翻译伦理的主要初衷就是调整各主体之间的伦理关系,确保各方行为符合各参与主体共同认定的伦理期待。

翻译行为是一种目的性行为,商业翻译伦理的规范功能可以使商业翻译译事行为主体在翻译活动开始前就调整各方伦理关系,确定翻译目的,并以此目的指导自己的行为。例如,翻译委托方根据翻译目的,发布翻译任务,确定翻译要求,甄选翻译团队,开展翻译验收,完成翻译评价。译者在商业翻译伦理的指导下确定翻译目的,明确两种文化的认知与定位,确立自己与委托方、原语方和译入语方之间的关系,方可确定翻译策略,展开翻译实践。

从生态学角度来看,和谐的商业翻译伦理关系就意味着良好的商业翻译生态环境。翻译生态环境指的是原文本、原语和译语所呈现的世界,即语言、交际、文化、社会、作者、读者、委托者等互联互动的整体。翻译生态环境是制约译者最佳适应和优化选择的多种因素的集合。因此,商业翻译伦理明确了译事行为标准和道德准则,调整了商业翻译译事行为主体的伦理关系,规范了主体行为,实现主体、语言、文化、商品或服务的顺畅交流与互动。

2. 配合商业伦理建设,维护市场秩序,节约翻译成本

商业翻译伦理和商业伦理紧密联系,商业翻译伦理可以帮助约束市场运行,建立符合市场规则、遵守道德约束的商业翻译行为准则,抑制商业翻译参与主体失当的牟利行为。这有利于形成和健全以社会为本位的商业伦理规范。

由于商业翻译的趋利性,商业翻译参与主体特别是委托方和受众,往往关注的是商业利益的实现,对译文本质量和翻译策略的关注可能要低于传统文学翻译。这给商业翻译质量失控提供了可乘之机。如果商业翻译译事行为主体缺乏质量意

识、知识产权观念、道德准则等商业翻译伦理约束，商业翻译市场就会陷入无序发展、恶意竞争的混乱状态。

由于直接服务商业活动，商业翻译市场价格幅度变动较大，透明度不高。商业翻译伦理建设可以明确商业翻译译事行为主体的权利与义务，推动商业翻译服务公平交易。同时，商业翻译伦理可以抑制翻译欺诈等不道德行为，有效减少交易摩擦，节省翻译资源，降低翻译交易成本。

3. 提升企业核心竞争力

商业翻译，无论是内部服务还是外包服务，都是企业健康发展的保证，它有助于企业树立良好的公众形象，提升产品竞争力。企业和产品形象是社会大众和企业成员对企业实力及其社会价值的综合评价。商业翻译虽然属于企业文化建设的细节，但却是企业现代管理水平和整体竞争力的重要判断指标。当今全球化一体化高速发展，对于正在谋求全球化发展空间的中国企业来说，完善商业翻译伦理体系是提升企业发展水平、主动融入全球竞争、适应时代发展要求和抢抓历史机遇的重要一步。

四、商业翻译伦理关系

商业翻译中译事行为主体关系的复杂性和多样性决定了商业翻译伦理的复杂性和观察视角的多样性。例如，商业翻译中译者有可能还是商品销售者或营销者，他与消费者之间的语言服务关系不仅是一种翻译关系，还是一种营销关系。广义的商业翻译伦理关系包括商业伦理和翻译伦理所涉及的各种社会关系，限于篇幅和研究方向，本书仅探讨商业活动照应下的翻译伦理关系和与翻译紧密相关的商业伦理关系部分。

商业翻译伦理关系主要是商业翻译译事行为主体之间的关系。其中，译者作为最活跃的行为主体，与其他参与主体之间的关系最为丰富，也是商业翻译伦理关系研究的重点。总的来说，商业翻译伦理关系主要分为以下几种：

（一）商业翻译译者同原文本与原作者之间的关系

在翻译伦理研究中，译者同原文本与原作者之间的关系始终是首要的考虑因素。在商业翻译伦理研究中，这种译者同原文本与原作者之间的关系依旧是研究的首位因素。有学者将译者与原文本的关系比喻成主仆或仆主关系，形象地描述了译者与原文本互相制衡的辩证逻辑关系。同样，在商业翻译中，译者同原文本与原作者之间的关系可依据实际分为以下四种情况：

1. 译者操纵原文本与原作者

译者操纵原文本与原作者这种关系在商业翻译中较为常见，因为一般情况下商业翻译原文本属于应用文本，其原创性和著作权意识没有文学翻译那么突出。译者很难掌握原作者信息，很难了解创作背景，甚至很难透过原文本认识原作者的内心世界。在这种情况下，译者就失去了与原作者的沟通与联系，作者的充分隐形让原文本成了失去庇护的孤儿，让译者有了更加自由的创作空间。此外，商业翻译的趋利性会使商业翻译译事行为主体将关注力放在译文本的商业效果上。在效率和利益的驱动下，商业翻译译者会在一定程度上自觉或不自觉地操控原文本，改变原作者的意图。

2. 译者屈从原文本与原作者

与译者操控原文本相反，商业翻译译者在少数情况下会受到原文本和原作者的操控。这主要是由于原文本和原作者外显，并与译者争夺翻译话语控制权。例如，根据笔者经验，房地产楼书等类文书翻译常常引用脍炙人口的优美诗词来营造文化意境，提升营销品位。在这种情况下，译者可能会压抑个人的创造冲动，忌惮原文本或原文本作者的声望，在忠实于原文本上下功夫。当然，也有原作者明确表达主观意愿向译者施压的情况。笔者曾为某大型外资超市开业庆典做翻译，恰逢原作者为超市大区经理，该作者在口译前主动跟笔者沟通，明确规定译文本的用词和句式。由于商业翻译译者更加突出的受雇佣关系，在原作者的强势干预下，在不违背职业道德的情况下，译者基本会选择屈从作者的意志。

3. 译者与原作者合一

在某些情况下，商业翻译原文本的作者可能自己动手翻译。此时，翻译伦理中经常讨论的忠诚与叛逆就失去了讨论和研究的价值。在我国，这种商业翻译情况非常常见，国内有许多中小型企业或受人力资源限制，或出于节约成本，经常会将商业文案写作和翻译交给同一个人或团队完成。当然作译合一也有不可避免的问题，主要是翻译质量不过关、翻译缺乏监控等问题。

4. 译者与原作者合作

在商业翻译项目标的额较大或所译文本件重要等级较高的情况下，译者与原作者会进行积极有效的沟通，确保译者真正理解原作者的意图，以最大程度实现翻译参与方共同的翻译目的。国内有不少规模稍大的贸易公司，其商业翻译经常以项目合作的方式进行，特别是出口营销业务，原文本的写作和译文本的产生经常是个人和团队间合作的结果。

（二）商业翻译译者与文化之间的关系

译者与原语文化和译入语文化的关系是翻译伦理研究中不可回避的重要话题。本书运用德国哲学家施莱尔马赫的理论，将这种关系分为两种情况加以分析：

1. 译者贴近原语文化

译者贴近原语文化指译者在面临原语文化和译入语文化比较时，倾向于原语文化，主张将原语文化尽可能地呈现在译入语受众面前，尽量减小译入语文化对原语文化的侵蚀和影响。因译者母体文化的差异，译者贴近原语文化又可分为两种。第一种是译者来自于原语文化，这种情况常见于国内外贸企业出口本国商品。在此种情况下，译者在商业翻译实践过程中对本国文化的对外传播做出了积极的贡献。这种策略也体现了译者的文化自信和自尊。在国际经济一体化的时代背景下，企业借助商业贸易传播文化效率高、成本低、效果好。第二种情况是译者的母体文化为译入语文化，例如我国企业委托本国译者翻译国外商业资料。在这种情况下，译者轻视译入语文化而重视原语文化的现象值得警惕与反思。此种译者与原语文化的关系可能反映译者对本土文化的不自信或对外语文化的过分崇拜。

2. 译者贴近译入语文化

译者在贴近译入语文化时，会尽力抹去原语文化的痕迹，让译入语受众在使用原语文化商品或接受原语文化服务时感受不到原语文化的存在。因译者母体文化的差异，译者贴近译入语文化也分为两种。第一种是译者母体文化为译入语文化。在这种情况下，译者贴近译入语文化的策略又可以细分为两类：其一，译者不加区分有意抹去原语文化印记，这是一种较为极端的民族主义和功利主义，对原语文化充满漠视，对原语文化知识产权和劳动成果不尊重。其二，译者出于对本国文化和价值观的保护，隐去了那些文化歧视和腐朽没落的价值观。例如，我国进口商品营销中经常会遇到体现东方主义、个人主义、享乐主义、拜金主义或有损国家利益和民族尊严的文字描述。有责任感的译者会对原文本进行改造甚至是拒绝翻译，这也是译者守土有责的表现。

（三）商业翻译译者与译入语受众之间的关系

商业翻译译者与译入语受众之间的关系也是商业翻译伦理研究的重点。与传统文学翻译略有不同，商业翻译中译者与译入语受众的关系是服务、说服和守护关系。

1. 服务关系

商业翻译是一种语言服务。作为语言转换的实施者，译者自然是提供语言服务的中心主体。译者对译入语受众的服务主要体现在唤起译入语受众的消费需求，满足其对商品或服务的信息需求上。从某种程度上说，商业翻译译者对译入语受众的服务是商业翻译译事行为参与主体对译者进行价值判定的主要衡量标准。

2. 说服关系

商业翻译译者与译入语受众形成的说服与被说服关系是服务与被服务关系的升级。商业翻译中出色的译者在完成文本语言信息转换和告知义务后，还需更进一步营销，说服译入语受众认同商品、服务或企业的价值观，引导译入语受众者的消费行为、消费方式和消费观念。

3. 守护关系

商业翻译中译者与译入语受众形成的守护与被守护关系是商业翻译伦理关系的一个重要特征，这里译者的守护主要体现在精神和物质守护。其中精神的守护类似于上述译者对本国译入语文化的保护。物质守护体现在译者在翻译过程中本着自己的职业道德观,忠实认真地对待原文本商业信息,自觉抵制虚假宣传、欺诈做假等违法失德行为。这种做法可以最大程度保护译入语受众的物质利益不受侵犯。

（四）商业翻译译者与委托方之间的关系

商业翻译译者与翻译任务委托方之间的伦理关系正因为商业翻译的性质而具有较高的研究价值。总的来说,译者与商业翻译委托方之间是一种契约关系。经济关系契约化是市场经济最本质的特征,它是维系市场交换活动的基本力量和手段。在商业翻译中,由于翻译活动涉及商业利益,商业翻译任务的委托和执行也必然通过契约确定双方的权利和义务。即使是商业公司内部的翻译任务,其委任和执行也因译者与公司之间的雇佣关系而带有契约性质。在契约关系的约束下,译者与委托要互相恪守承诺,讲求信誉。这要求译者要尽自己的能力,勤勉工作,尽可能地满足委托方的翻译期待与要求。委托方也要认真履约,及时给付翻译款项,并在翻译过程中积极为译者提供便利和帮助。此外,由于契约合同无法囊括翻译活动中的所有细节,译者与委托方均应以最大的诚意维护对方商业利益,这就构成了双方契约外的协助关系。例如,译者在商业翻译中如果发现原文本含有违反译入语价值观的细节时,译者应积极与委托方沟通,以防该细节对商品营销造成不利影响。同样,译者在商业翻译过程中如果对译入语读者特点有更深入的了解,或对商业翻译文本的营销功能有好的建议时,译者也可积极与委托方交流,以优化商业翻译的译后效果。此外,商业翻译委托方如果是商品销售者,也可以将译入语市场特征、目标受众分析、公司文化、发展战略等信息与译者分享,以帮助译者更加精确地调整翻译策略,凸显商业信息的准确性和传播的深度。译者与委托方的这些努力并非合同契约中规定的义务,但是在融洽的商业翻译伦理关系指引下,双方均应在自己的能力范围内积极协助对方,以争取商业翻译利益最大化的实现。

（五）其他商业翻译译事行为主体同文化与消费者之间关系

在商业翻译伦理研究中，其他商业翻译译事行为主体同文化与消费者之间的关系是一个重要的研究方向。这种关系是一种紧紧依附翻译而又不限于翻译的伦理关系，其主要精神源自商业交易中的诚信和服务原则。这里的其他商业翻译译事行为主体主要是原语方和译入语方的媒体。商业翻译中媒体对商业文案的设计和发布属于宏观的商业翻译过程，因为文案的设计也是一种泛化的原文本信息解读过程，而商业文案的发布也类似商业口笔译的输出过程。在商业翻译实践中，媒体的伦理失误会让整个商业翻译译事行为参与主体置于社会道德谴责之中，使各方蒙受巨大损失。例如，2003年某汽车杂志第12期刊登了丰田霸道的汽车广告，这是一家美国媒体企业的创意。在广告中，汽车开上了卢沟桥，桥面上的狮子侧目敬礼，广告同时出现"霸道，你不得不尊敬"的画外音。无论出于什么目的，当日本、霸道、卢沟桥、狮子等文化元素在那则广告中一起出现时，任何一个有民族自尊心的中国人都会联想到令人痛心的日本军国主义侵华史。此类违反道德、有辱民族尊严的营销广告绝非个案。再如，2018年杜嘉班纳一则"起筷吃饭"的视频广告展示了一位亚裔女子使用筷子吃意大利特色餐。视频中造作的中式发音、傲慢的语气、模特怪异的表情和动作在很多中国人看来是对中国传统文化和中国人形象的愚弄和丑化。视频广告发布后在国内引起轩然大波，该品牌商品在各大电商平台惨遭下架，品牌形象一落千丈，销量跌入谷底。事实证明，此类对译入语文化贬损污蔑的营销丝毫无益于产品形象的维护和销量的提升，任何一个有民族自尊心的民族都不接受。商业翻译活动中传媒主体如不能以诚信和消费者至上为原则，商业翻译中的良好伦理关系就难以维系。

五、商业翻译伦理冲突

在商业翻译活动中，如果伦理关系处理失当，就会造成伦理冲突，进而影响商业翻译活动。由于商业翻译活动涉及社会关系较为复杂，各参与主体角色复杂化，任务多元化，商业翻译伦理冲突大致包括以下几种：

（一）语言伦理冲突

语言伦理原则主要分为话语理解和话语建构的道德准则。在话语理解阶段，语言伦理冲突主要体现在译者译前准备不够充分，未能准确理解原文本与原作者意图，未能就原文本语言文字错误做出纠正上。在话语建构阶段，语言伦理冲突主要在于译者译文本使用语言不地道、不规范、有歧义，译文本内容不忠实于原文本，译文本存在加重读者理解负担的问题。

（二）文化伦理冲突

文化伦理冲突由商业翻译中文化转换和比较过程中的失当行为与不当态度造成。在商业翻译中，商业翻译译事行为主体均有可能造成文化伦理冲突。这种冲突主要在于原语文化扰乱译入语文化生态环境、原语文化转换违反译入语文化价值观与核心利益、原语文化与译入语文化未能在商业翻译过程中实现平等对话与交流、原语文化中合理的异质成分流失或异质文化移植不符合译入语文化接受和发展规律。

（三）身份伦理冲突

商业翻译中译事行为主体常常身兼数职，而不同的角色集于一身常常会造成身份的冲突。以译者为例，在商业翻译中译者除了从事语言转换的工作，有时可能还要承担营销或销售工作，摇身一变成为翻译文本的使用者。按照科米萨罗夫的说法，当译者有了"翻译外最高任务"时，译者的行为就变得不合常规，为了完成这种"最高任务"，译者有可能违背自己职业活动的基本准则，对原文进行改动甚至歪曲。身份伦理冲突除了指译事行为主体不同身份间的混乱，还可以指译事行为主体从事与其资格能力不符的工作或行为。例如，企业中英语水平不过关的员工对商业文本进行乱译和硬译，译者无视个人资质，接揽超越个人翻译能力和水平的商业翻译任务。

（四）信息伦理冲突

信息伦理又称信息道德，指的是调整人们之间以及个人和社会之间信息关系的行为规范总和（沙勇忠、王怀诗，1998：492）。广义的信息伦理还包括传播伦理。在商业翻译中，信息伦理要求信息的交流准确而真实；相关译事行为主体的信息隐私与安全受到尊重；翻译工作涉及的知识产权得到保护；商业翻译相关行为主体知情权得到重视；相关主体的信息发布权得到保护；信息发布不得损害他人的正当权益。在实际商业翻译中，译事行为主体如违反上述准则就会造成商业翻译的信息伦理冲突。

（五）经济伦理冲突

经济伦理是商业翻译中一个十分突出的伦理视角。公平与效率是经济伦理中一对互相矛盾的价值维度。公平和效率的困难抉择会在商业翻译译事行为主体间引发多种经济伦理危机。商业翻译中的经济伦理常体现在译者能否摆脱物质利益的诱惑，安心完成机械枯燥的语言翻译；译者能否抵制诱惑，做到不偏不倚，保守客户机密，客观公正地完成翻译任务；原作者能否从公平交易的精神出发，客观真实地对商品或服务进行描述；委托方能否从确保译文本质量的角度出发，将翻译任务托付给业务精湛但收费偏高的翻译公司或团队等。

（六）交际伦理冲突

商业翻译如同其他翻译一样，本身就是一个交流沟通的过程。因此，不平等、不充分的交流必然导致商业翻译译事行为主体之间产生交际伦理冲突。商业翻译译事行为主体之间要保持相互尊重、平等互利的交流态度，译者作为交流的中心和纽带也要积极促成双方或多方的共赢合作，商业翻译各参与方团队内部也要相互协调，通力合作。在文化交流上，译者要积极推动两种文化间的平等相处、互相借鉴。在商品买卖上，译者要促成销售方和消费者之间的有效沟通和良性互动，积极推动商业活动的健康发展。

（七）技术伦理冲突

当今世界是互联网和信息技术主宰的世界，大数据、人工智能、云平台、机器翻译等技术正在颠覆传统的翻译思维和活动。翻译的工作模式、翻译产业的发展模式和翻译教育的运行模式都在发生巨变。技术的飞速发展给翻译带来了技术伦理问题。例如，机器翻译可能会造成大量人工译者失去工作机会，互联网和机器翻译带来了翻译质量问题和翻译的知识产权归属问题，语料库、云平台等技术的不断完善会加速翻译资源的垄断发展，从而损害翻译使用者的利益。

在这七种伦理冲突中，语言和文化伦理冲突是翻译伦理研究中的共性问题，后面五种伦理冲突是商业翻译中特有的伦理冲突。商业翻译译事行为主体如能注意避免上述伦理冲突，积极营造和谐融洽的伦理关系氛围，就能够积极推动商业翻译的持续发展、翻译目标的实现和各方利益的最大化。

六、商业翻译伦理原则

如前文所述，切斯特曼的翻译伦理五原则已经成为国内外翻译伦理研究的不可忽视的指导性理论。本书认为，由于商业翻译较强的应用性和资本的逐利性，商业翻译伦理研究应突出实用和效率。因此，在这里笔者参考切斯特曼翻译伦理原则，综合商业伦理要义，提出商业翻译伦理四大原则，以期对商业翻译实践与研究有一定的借鉴意义。

（一）诚信原则

诚信原则主要指商业翻译译事行为主体诚实守信，履行承诺，实事求是。我国近代翻译家严复先生在《天演论》译例言中引用《周易》"修辞立诚"四字作为其翻译标准的依据（葛厚伟、郑娜、赵宁霞，2017：113）。在商业翻译中，译者首先要做到忠实。译者要在合情合理的范围内忠于原文本，忠于原作者。忠实标准自翻译产生就一直存在。从西塞罗、雅克·阿米欧、梅纳日、丹尼尔·休特到查尔斯·巴托，西方中世纪纯朴翻译理论研究无时不受到忠实价值观的主导。纵观我国翻译伦理思想研究，从东晋道安的"五失本，二不易"、玄奘的"既须求真，又须喻俗""五不翻"、马建忠的"善译"、严复的"信达雅"、茅盾的"再现意境"、傅雷的"神似"到钱钟书的"化境"，忠实标准一直是中国古代和近代翻译思想的闪光点。从近代以来，随着社会发展节奏的加速，翻译学研究开始了种种转向，翻译标准也变得多元化，不断受到质疑与挑战。即便如此，忠于原文本和原作者仍然是翻译的灵魂和价值所在，所谓的"变通"和"不忠"属于原文本管制下的灵活处理手段。商业翻译伦理中的诚信原则包括译者正确对待商业翻译信息，力求实事求是。商业翻译涉及专门用途英语，因此译者在实际工作中可能会遇到难以理解的行业背景知识和专业术语词汇。同时，商业翻译各参与主体对商业利益实现关注较多，将翻译视为实现利益的手段和工具，对翻译文本忠实程度和翻译的艺术性并不关注。译者在翻译中要本着实事求是的原则，认真准备，虚心请教，不可敷衍了事，蒙混过关。对其他译事行为主体来说，诚信原则还意味着商业翻译参与主体要坦诚相待，不弄虚作假，在信息发布和交流上要尊重商业翻译的终极用户——消费者。

（二）正义原则

翻译是语言文化的交流，商业意味着商品和服务的流通。商业翻译伦理的正义原则主要就是围绕文化平等和利益分配。该原则要求在商业翻译实践中译事行为主体要尽力维护文化的平等交流，抑制强势文化的霸权行径，帮助弱势文化复兴发展，自觉克服极端的民族主义，树立文化自信，倡导文化多元发展。正义原则还要求译事行为主体能够正确处理利己与利他之间的关系。利己与利他之争是欧洲近代伦理思想传统的基本内容。英国伦理学家霍布斯、曼德威尔等人提出自然利己主义伦理观，主张个人自私自利的主观行为可以带来整个社会公益的客观增长。与之相对，沙甫慈伯利、哈奇生等人提出人天性利他的理论，并与休谟和亚当·斯密进一步发展形成情感利他主义，主张以大多数人的最大幸福为奋斗目标。在商业翻译中，译事行为主体要正确处理利己与利他关系，追求个人利益无可厚非，但不能以牺牲他人利益为代价。同时，利他精神应该泛化为强烈的民族荣辱观和家国情怀，商业翻译译事行为主体要以国家利益为最高目标，在商业翻译各环节自觉维护国家和民族利益，对损害他人利益的行为要坚决纠正，对有损国家和民族尊严的行为要严厉拒绝。

第五章　商业翻译伦理

（三）责任原则

商业翻译伦理的责任原则与翻译伦理的责任原则密切联系但又不完全相同。切斯特曼提出的责任原则只为了解决原有再现伦理、服务伦理、交际伦理、基于规范的伦理等四种伦理内在的缺陷，强调译者的身份与角色决定其行动内容和行为方式。然而，这一自我约束的伦理描述依旧含糊不清，难以捉摸。商业翻译伦理中的责任原则不仅限于译者的身份与角色的自我约束，更重要的是将商业翻译译事行为主体全部纳入责任内容研究，将各主体之间的责任和义务有机联系在一起。这其中有译者对原文本和原作者的责任、译者对委托人的责任、译事行为主体对原语文化和译入语文化交流的责任、译事行为主体对商业发展和人类社会进步的责任。这些责任由小到大，由微观到宏观，环环相扣，互动联系，构成了责任视角下的商业翻译生态伦理系统。再看微观层次，以译者为中心的责任原则要求译者与原作者、委托方、消费者、译文受众、媒体等商业翻译译事行为主体构建多种交互主体关系，努力协调各方利益需求。当多方利益需求相互冲突时，译者应该通过自身努力调和各方利益，并在利益无法调和时做出抉择。在利益抉择中，译者应坚守职业责任，本着"利益兼顾、害中取轻、弱者优先"的原则，分清轻重缓急，灵活处理矛盾。此外，商业翻译译者的职业责任还在于其职责的超越性，译者有时身兼数职，承担多项任务。这就决定了译者的责任不限于语言的转换和文化的交流，而是要本着契约精神为其他译事行为主体服务，以保证利益的最大化实现。基于这一要求，对译者来说，责任原则还包括译者要以勤勉的精神不断提升自身业务水平，确立终身学习的思想，不断扩大自己的知识面、社会经验和认知视野，增强非语言职业能力，成为商业翻译活动中的多面手。

（四）规范原则

商业翻译伦理的规范原则指对商业翻译译事行为进行描述与规范。因具有较强的实践性和指导意义，规范原则一直是商业伦理研究和翻译伦理研究的核心关注点。这种规范原则按照图里的描述是"大家公认的关于对与错、准确与不准确、合乎或不合乎特定情境的一些基本价值观"（Toury，1995：213），而切斯特曼强调规范原则重在指控制译者决策的社会和心理因素等伦理制约。这种伦理制约多是目的论与效益主义的结合，以"整体善的最大化"作为价值评判的标准。规范原则的最大好处在于其具有较强的实践性和可操作性，对译者的翻译实践有较强的指导作用。除了这种道义上的规范和调整，规范原则还体现在商业翻译译事行为主体待人接物要有礼有度、坦诚乐观和豁达开朗。

第六章 商业翻译美学

翻译是一门富含美的艺术，商业翻译作为其重要的分支也有独特的美。长期以来，国内外翻译美学研究主要关注原文的忠实之美、解释之美以及译文的再创作之美。而对于商业翻译来说，务实性和实用性体现了商业翻译的效率之美。受趋利性的影响，商业翻译有时会出现追求经济利益而弄虚作假、欺诈夸张、哗众取宠等丑恶行为，如何形成正确的审美标准是商业翻译美学研究的重点。

一、美与美学

（一）美的定义

美是一个复杂的哲学概念。有学者将美定义为"对感官直觉或想象具有特征性或个体性表现并遵从相同媒介中一般或抽象表达的条件的东西"（鲍桑葵，2016：5）。美的概念分狭义和广义两种。狭义的美指一种单纯、完整、和谐的美，这也是古希腊式的美。广义的美包括一切审美对象。李泽厚（2001：60）认为美是客观的，又是社会的，包括审美对象、审美性质和美的本质。由此可见，美具有主观性、客观性、社会性和实践性。

（二）美学概述

美学概念由德国哲学家鲍姆加通于1750年在其博士论文中提出。但是，西方美学史可以上溯至柏拉图时代。柏拉图从哲学思辨的角度讨论美学问题。西方长达2 500多年的美学史可以分为几个阶段：希腊罗马美学、中世纪和文艺复兴美学、17-18 世纪美学、德国古典美学、近代美学和现当代美学。在我国，美学意识在先秦时期已经出现。老子开创了中国古典美学的"元气论"和"意境说"，而孔子创立了儒家美学。随后，中国美学研究历经魏晋南北朝黄金发展时期、唐宋元明巩固发展时期、清初快速发展期、近代西方美学引入期、现代中西美学深入融合期、当代中国美学高速发展期。目前学术界关于美学的主流观点有三种：第一，美学是研究美的学科；第二，美学是研究艺术一般原理的艺术哲学；第三，美学是研究某种关系的学科。也有学者认为美学是以美感经验为中心研究美和艺术的学科。

（三）商业美学概述

商业美学，是美学在商业活动中的应用研究。它是以认识社会商业经济活动中美的实体、发现美的观念的特点及规律为主要内容的科学（吴崑，2013：34）。关于商业美学的研究范围，学术界已有不少研究成果。有学者认为，商业美是商业活动中人和物、人和人的整体和谐关系，具体来说就是消费者与企业各组成部分、经营主体、商品、广告、环境之间的审美关系的整体一致，它包括商品美、广告宣传美、营业环境美、优质服务美、劳动组织美、人际关系美等内容（姚德全、缪秋莎，1991：5）。也有学者按照商业生产、流通和消费的自然过程，将美学内容进一步划分为商品美学、经营美学和消费美学（丁美云，1991：57）。还有不少学者从马克思"劳动创造美"的论断来论述商业美学，认为商业美学是功利认识与审美认识的统一。商业美学的发展可以分为商业产生前"美"的萌芽阶段、古代商业"美"的发展阶段、近代商业"美"的波折阶段、现代商业"美"的飞跃阶段。也有学者结合马斯洛需求层次理论，将商业美学发展过程分为追求生理需要和安全需要的实用阶段、追求从属需要和尊重需要的功能品质阶段、追求自我实现需要的情感阶段。吴崑（2013：35）在《商业美学》一书中将商业美学内容归纳为企业形象美学、商业环境美学、商业服务美学和商品展示美学，涵盖了商品生产、流通和消费各个环节，对商业美学的深入研究具有积极的启示作用。

二、翻译美学概述

（一）美学与翻译的关系

美学与翻译有内在互通的紧密联系。翻译是两种语言之间的转换活动，是一种创造性活动。一切创造性的活动都具有美的内涵与特征。翻译的任务是通过语言和文化的转换，让使用不同语言的民族能够交流对世界的认知和实践活动的经验，互相分享美的感觉和体验。译者在翻译过程中要用心理解原文本，尽力挖掘原文本的美，并将原文本的美传达给译入语受众。因此，翻译的过程也是美的理解和表达的过程。在美学众多研究对象中，语言艺术学是美学的一个重要分支，而翻译本身就是语言艺术学的重要组成部分（孙腊枝，2006：65）。

（二）西方翻译美学概述

西方的翻译美学研究最早可以溯源至西塞罗和贺拉斯时期。西塞罗提出翻译理论必须工于词章之美。贺拉斯提倡在翻译中运用"美学标准"。两人的翻译观点被后世尊为西方美学译论的"初始之光"。之后，西方古典哲学—美学译论的继承者哲罗姆和奥古斯丁提出美的译文本应质朴如市井之言，翻译要注意呈现"朴素、典雅、庄严"的风格，并按照读者的需求在上述三种风格中选择。英国翻译家泰特勒（2007：208-212）在《论翻译的原则》一书中提出了著名的"翻译三原则"，并将其总结为"成功的译文应能体现原文本的全部优点，洞察原文的全部推理，并最终领悟原文本的全部美"。德国《圣经》翻译家马丁·路德提倡译文本应该具有读者能领悟的本土风格，并且在审美上令人满意。18世纪英国古典主义诗人、讽刺家、荷马史诗的著名翻译者亚历山大·蒲伯主张翻译要出自自身文艺创作的心得。19世纪英国诗人和文学评论家马修·阿诺德主张译诗应力戒矫饰，讲求通顺的气韵以保持史诗的质朴之美。这些西方译论家以辞章美学论翻译，其译论一脉相承。进入20世纪，语言成为西方哲学研究的主题。意大利著名美学家克罗齐从美学角度提出言语行为的不可译性，认为文学翻译是艺术的再创作过程，译者应该使译文本成为独立的艺术品。他的翻译美学思想深深影响了20世纪初期西方翻译思想的发展。20世纪中期以后，西方翻译理论研究开始转向理论与现代语言学。美学研究领域先后出现了"语言学转向"和"批判理论转向"，这两种现代美学最终又汇合于"后现代转向"之中。当代美学也更加关注语言，并希望藉此解决审美与美学的根本问题。翻译作为两种语言对比交流的过程，自然成为美学家关注的焦点领域。当代最早论述翻译美学理论的人当属瓦尔特·本雅明。他以哲学的视角论述翻译，认为译者的任务是在自己的语言中，将"纯语言"从另一种语言的魔咒中释放出来，让"纯语言"先通过翻译这座桥梁更加充分地照耀原文。这体现了他早期现代主义艺术主张。同样，奎因和海格德尔的翻译论断也体现了典型的语言论翻译美学思想。美国翻译学家巴斯内特和勒菲弗尔在2001年撰写的 *Constructing Cultures: Essays on Literary Translation* 一书中以文化转向为背景对翻译美学展开系统研究。在林林总总的翻译理论的背后，同一时代的美学思潮的影响清晰可见。

（三）中国翻译美学概述

综观中国传统翻译学历史，各家各派翻译理论都有其美学渊源，历史定势和文化整体形态的发展促使翻译学与哲学尤其是美学"联姻"。中国翻译事业始于佛经翻译，佛经的翻译脱离不了中国哲学——美学思想发展的主流。中国早期佛经翻译家支谦、道安、鸠摩罗什和玄奘关于雅与达、信与美、言与意、文与质的论断均体现了我国传统文艺美学。19世纪末，随着西方文化思潮与科学技术引入东方，中国翻译理论研究也开始活跃起来。近百年来，中国翻译美学研究成果层出不穷。马建忠的"善译说"和严复的"三难说"在古典哲学和美学的范畴研究翻译的"信与美""内容真"与"形式美"。曾虚白、陈西滢和茅盾的"神韵"说、林语堂的"达意传神论"、朱光潜的"貌合与神似"、朱生豪的"神韵说"、傅雷的"神似论"、钱钟书的"化境论"将翻译理论与文艺美学更紧密地结合，成为严复"三难说"的重要补充（毛荣贵，2005：9）。

20世纪90年代后，中国翻译理论与美学的联系更加紧密，一些美学研究成果被广泛应用于翻译理论研究，使中国翻译学理论更具有中国特色（李智，

2013：4）。傅仲选（1993）所著的《实用翻译美学》是我国较早的翻译美学专著。该书较为系统地论述了翻译中的审美客体、审美主体、审美活动、翻译美的标准、美的再现等问题，界定了当代翻译美学研究的对象和范围，对翻译美学的进一步研究具有一定的指导意义。刘宓庆（2005）在《翻译美学导论》中运用现代美学原理进一步剖析翻译的运行机制，阐释了翻译美学的研究对象和研究方法，充分讨论了翻译的科学性与艺术性，详细论述了翻译审美客体与主体、翻译审美体验规律、翻译审美标准等，将中国古典文艺美学精华与现代语言哲学理论相结合，将翻译美学研究提高到了一个新的高度（李洁，2007：139-141）。至此，翻译美学研究成为中国翻译理论的主要组成部分，中国翻译理论具有了极强的民族特色。毛荣贵（2005）在《翻译美学》一书中回顾了我国翻译美学发展史，从汉英互译美学探讨了译者的审美心理结构、英汉各层面翻译美学体现、美的语际转换和科技翻译中的美学再现，对翻译实践与理论研究具有较强的指导意义。在翻译美学的研究中，国内学者也十分重视接受美学与翻译的结合。有相当数量的学者纷纷发表论文，呼吁重视接受者的需求，强调审美主体的审美意识对艺术作品的调节作用（王晓军，2008：130）。

此外，不少学者积极研究美学理论在翻译中的实践应用，研究内容涉及文本的语音、词、句、段、篇章等各个层面，翻译主体的认知、社交、审美意识等因素，美学的再现等策略，研究领域从诗歌、散文、小说等文学翻译到广告、科技、法律等实用文体翻译。从目前来看，虽然国内翻译美学研究已初具规模，但研究多集中在接受美学、美学解释力和翻译美学案例分析上。翻译美学理论研究的广度和深度不够，翻译美学研究范畴不够明确，缺乏创新性，对翻译审美客体、审美构成和文本接受者的研究不足。

三、商业翻译美学研究内容

商业翻译美学是商业美学和翻译美学的结合物，它运用美学和现代语言学的基本原理，研究商业活动过程中语言文化转换所涉及的美学问题，帮助译者挖掘理解原文本之美，调和商业翻译译事行为主体的审美需求，满足译入语使用者的审美需求，唤起消费者需求，提升消费者对商品或服务的审美鉴赏力。商业翻译美学主要涉及翻译中的审美主体、审美客体、商业翻译中的审美活动和标准、商业翻译中的美学再现等。

（一）商业翻译审美主体

在哲学上，主体和客体是一对相互对应、相互依存的概念范畴。主体指"进行着认识和实践活动的有意识的人，具有自觉的能动性、自我意识机能和社会性等基本特征"（章士嵘等，1984：35）。主体的认识和实践活动指在大脑中认识、理解客观世界及其规律，并能动地改造客观世界的感性物质活动。审美活动的首要任务就是认识审美客体的客观规律和客观属性。人只有对某一对象进行审美实践活动时，人才可以成为审美主体（颜林海，2016：85）。由此可见，审美主体具有即时性和应景性。李泽厚（2001：152）在《美学四讲》一书中指出"不建议使用审美主体这个概念，因为一个人不能再很长时间内只保持审美态度"。审美主体要发挥主观能动性，除了具备正常的生理机能，还要具备审美能力。在翻译美学中，审美主体主要是译者，译者需要发现、体验原文本的美，并把它以合适的方式传达给读者。在商业翻译中，翻译的工具性较强，对文本的审美需求让位于对物的使用和服务的享受需求。因此，在商业翻译美学研究中，审美主体应该具有一定的多维性。这其中，译者和消费者是处于商业翻译美学核心的审美主体。

不同的审美主体对于同一客观事物的美感也是不同的。朱光潜（1987：8）在《朱光潜全集·谈美》中以木商、植物学家、画家三人观树为例，论述不同的审美主体对同一客观事物的感受和体验是不一样的。不同的审美感受主要取决于审美主体的注意力、立场、职业习惯等。同样，在商业翻译中，不同的商业翻译译事行为主体的审美感受也不尽相同。译者的审美活动主要是审视、寻找原文本的美，研究发现译入语受众的审美需求，调和商业翻译各译事行为主体的审美需求，使用译入语再现原文本的美，并影响译入受众的审美需求。消费者与译者的审美感受也不一样。消费者基本不接触原文本，而译者的审美感受来源于原文本，其审美表达是对原文本美的再造。此外，消费者对译文本的审美活动是为了获取信息，进而满足消费需求，而译者对译文本的审美活动可以看作是一次反思和自省。

在商业翻译中，译事行为各参与主体扮演不同的角色，发挥不同的作用，怀有不同的目的和不同的审美需求。处于关系中心的译者要充分认识和理解各方的审美需求，并加以调和，以期在译文本审美表达阶段尽量满足各主体的审美需求。本书将从商业翻译译事行为各参与主体角度来分析各方在商业翻译中不同的审美需求。

1. 译者

译者在商业翻译活动中处于中心地位，与其他商业译事行为参与方均有密切的互动关系，也是连接买方与卖方、原文与受众的桥梁。从译者来说，其翻译实践中的审美需求主要包括：第一，求真。这里的"真"主要是指忠实于原文本。自古以来，翻译学界一直有"忠"与"美"的争论。虽然翻译一度被人称作不忠的创作，但忠实仍然是翻译区别于写作的最基本特征。忠实于原文本和原作者是所有翻译的首要美学原则，也是译者应该具有的首要审美要求。第二，求全。这里的求全是指译者要追求全面了解原文本内涵和原作者意图，较为全面地把握消费者需求和审美期待。唯有达到这些要求，译者才能理解原文本之美，创造译文本之美，传递原文本之美。第三，求合。求合是指原文本的意境与译文本的意境要相吻合。译者要通过自己的努力，保证两个文本的意境美一致，否则基于意境美之上的商品美就难以顺畅地从原语传达到译入语受众。第四，求达。求达是指商业翻译美学中所独有的译者审美需求。它是指译者要在翻译中求得译文本能够通达读者。这个要求似乎比较含糊，它主要包括两层含义。从语言的角度来说，译者要追求自己的译文本通顺易懂，能够让消费者或译文本的使用者体验商业文案的效率和简洁。从商业营销的角度来说，通达读者要求译者能够通过自己的译文本，让译入语受众对商品或服务心驰向往，产生强烈的消费需求。

2. 译入语受众

在商业翻译美学研究中，译入语受众特别是潜在消费者的审美需求具有重要的研究价值，也对商业翻译译事行为各参与主体具有实际的指导意义。译入语受众在商业翻译中的审美需求主要包括读者友好、价值认同、高效简洁、货真价实和尊重关怀。读者友好主要是从译文本的语言质量和语言美感方面来考察的。译入语受众在接受译文本时不会有理解的障碍或误差，能够享受到译者在音、形、词、句、段、篇等语言单位上再造的美感。价值认同是指译入语受众能够通过译文本接受文本背后的价值观，能够通过译文本对其传达的商业意识、品牌形象和企业文化产生好感，不会因译文本透露的意识形态产生任何不适或反感。高效简洁主要是指译入语受众通过译者的口笔译服务能够快速满足其翻译目的，也是指译入语受众在与译者等商业翻译译事行为主体交流时顺畅、高效、自如。货真价实是译入语受众希望译文本对商品的描述具有较高的真实性，并通过译文本能够得到商品物有所值的商业印象。尊重关怀主要是译入语受众希望在接受译者语言服务或与其他商业翻译行为主体沟通时能够获得细致入微的服务，个人的价值观和文化理念能够得到尊重，个性化的需求能够得到满足。

3. 委托方

在商业翻译美学研究中，委托方的审美需求主要是简明高效、感染力强、逻辑清晰。其中简明高效是指在商业翻译中译者提供的译文本要言简意赅，高效出色地传达商品或服务信息，确保原文本中的商品或服务信息在翻译转换的过程中保持完整真实，原文本营造的意境美能够完整地在译文本中再现。此外，委托方眼中具有美感的译文本也要具有较强的感染力。按照彼特·纽马克的文本类型理论，商业翻译文本属于召唤类文本。商业翻译委托方希望译者除了忠实地翻译原文本之外，还希望译者能够通过自身努力提升译文本的召唤功能，让译入语受众在接触译文本之后产生消费需求。

4. 媒体

相比其他商业翻译译事行为主体，媒体似乎不在人们关注的焦点上，但是他们也发挥不可小觑的作用。媒体审美需求主要是符合主流价值观、吸引读者和具有话题效应。从自身利益出发，媒体要求译文本符合译入语文化环境的主流价值观，否则媒体可能也会连带承担违反价值观的风险和责任，容易遭到口诛笔伐。媒体发布译文本后希望文本能够引起译入语受众的极大兴趣，达到委托方的商业目的。如果商业翻译译文本能够在译入语环境中产生一定的话题效应，具有一定的社会关注度，那么媒体本身的社会价值也会增加，这也意味着其商业价值的增长。

在商业翻译美学研究中，审美主体的审美需求具有明显的差异性。这种差异性体现在三个方面：第一，不同审美主体的审美需求不同。这一点可以从上文对各审美主体审美需求的分析上得到印证。第二，同类审美主体不同个体之间的审美差异性。同类审美主体可能在商业翻译中所处的利益立场一致，但其审美需求和美感体验受其教育背景、职业习惯等个体因素的影响而表现不同。例如，不同的消费者在面对同一个进口商品营销文案译文本时，可能对译文本的美学评价是不一样的。异化处理的译文本可能在追求异国体验的消费者眼中是美的享受，而对于一个有民族主义色彩的消费者而言可能就是一次翻译的失败。第三，同一主体不同阶段的审美需求。同一主体在商业翻译活动的不同阶段，其审美需求也在不断变化。以译者为例，在翻译的理解阶段，其主要的审美需求是理解原文本，发现原文本的美。在翻译的输出阶段，译者的审美需求则逐渐转向依照译入语受众的需求，将原文本的美感再现到译文中。

综观整个商业翻译活动，译事行为各主体都有不同的审美需求。这些需求差异必然导致审美主体的审美矛盾。其中，消费者的审美需求处于首要地位。商业翻译其他译事行为主体均围绕消费者展开服务，消费者的审美需求是各主体努力的目标和任务。另外，商业奉行"消费者至上"的行业原则，消费者的审美需求自然应该引导其他审美主体的审美追求。除了消费者的审美需求，译者的审美需求处于第二位。译者作为联系商业翻译译事行为主体的纽带，参与了商业翻译活动整个过程，能够了解各主体的利益关切和审美需求。由于其自身职业规范、服务意识和受雇佣关系，译者能够照顾各主体利益，并愿意根据各主体审美要求调整个人审美需求。因此，从某种程度上说，译者的审美需求是综合的需求，是商业翻译之美实现的保证。

（二）商业翻译审美客体

审美客体指审美主体认识和实践的对象。审美客体是客观的存在，当其与审美主体处于对立统一关系时才能成为审美客体。在翻译美学中，审美客体主要指原文本，但并非所有的原文本都可以成为审美客体。有学者认为翻译审美客体指具有审美价值，能够满足人们某种审美需要的客体（赵睿，2017：57）。在商业翻译美学研究中，译者作为审美主体，需要依赖原文本获得审美体验，在美感表达和再造环节，需要利用译文本来满足其他主体需求并影响其他主体的美学感受。因此，商业翻译审美客体应包括原文本和译文本。要研究商业翻译审美客体的语言文化之美，就要先弄清楚原语和译入语的美学要素。此外，由于商业翻译是基于商品或服务交易的语言文化转换活动，商品或服务是原文本或译文本描述的对象和内容，商品或服务在一定程度上也应纳入商业翻译审美客体的研究视域内。以往的翻译美学研究以文学文本翻译为研究对象和素材，很少将美学原理与口译相结合，研究口译中美的表达与传递。不同于笔译，口译人员是显形的，口译人员提供的服务不但包括文本，还包括以自身语音和体态动作作为载体的信息。在商业翻译中，口译是较为常见、灵活、高效的语言转换和信息传播方式。综上所述，商业翻译美学研究应将原文本、译文本、商品或服务、译者作为审美客体展开研究。

有学者将翻译审美客体的审美构成分为形式系统和非形式系统。形式系统主要是与感性相联系，从语音到文字、词语、句段等层级，由外到内再到理性的元素集合体。非形式系统是非物质、非自然感性的非外象成分的集合，主要由"情、志、意、象"的内在审美系统构成（赵睿，2017：59）。

鉴于上述商业翻译美学审美客体的分析，商业翻译审美客体的审美构成应包括语言因素系统和非语言因素系统两种。语言因素系统包括从音到字、句、段、篇的语言文字美感系统。语音层的审美构成主要包括音韵和音律，这在汉语和英语中都非常常见。在商业宣传中，以广告为代表的商业文本非常重视音韵美的构建与传达，因此音韵美是商业翻译审美构成的重要组成部分。在文字层面，汉英两种语言都不乏以文字形体特征来传达美感的实例。在词、句、段和篇层面，英汉两种语言由于语言结构的迥异在美的构成和表达上各有千秋，但都具有很高的审美价值。其中，用词精练、意境优美、搭配得当、修辞丰富、句式多变、连贯紧凑等已经成为两种语言相通的审美构成元素，这也为汉英两种语言美感互通提供了前提条件。

上述语言审美因素属于翻译美学中审美客体普遍存在的审美构成要素,其分析成果主要来自两种语言翻译过程的语言学分析。此外,商业翻译美学研究中审美构成还包括非语言审美要素。非语言审美要素主要包括意境美、艺术美、精神美、商品美、效率美和主体美。与单纯美学或商业美学中的审美客体构成要素有所不同,这些非语言审美要素立根于语言和文化,体现了商业美学和翻译美学的融合。

1. 意境美

意境美指通过原文本和译文本的描述,审美主体在脑海中形成关于商品、服务、企业的美好形象以及使用商品或接受服务时的美好景象。这种美感类似于一种联想,在美的创造上,商业翻译和文学翻译基本一致。除了语言文化传达的意境美,商业翻译由于其实际运作特点,还会在译入语中出现以图像辅助语言完成信息转化和传播的情况。例如,在跨境电商文案翻译中,译者要按照跨境电商平台运行要求将商品的原文本转换为相对应的译文本并配图发布。对于大多数国内跨境电商企业而言,这一过程主要由译者完成。这里的配图实际上是一种营销行为,而此种营销又因基于对原文本信息的理解,而与翻译紧紧联系。再如,在一些商业产品发布会上,其现场展示设计基于对原文本信息的呈现和补充。此类再造的意境已不再是译入语受众想象的效果图,而是译者代为呈现的真实场景。

2. 艺术美

艺术美十分接近意境美。如果说意境美重在强调内容,那么艺术美主要看重形式。例如,书面翻译文本的字体选择、口译语气语调的控制、在线网页设计、商品的摆放、宣讲会舞台效果的控制在很大程度上都离不开译者的思考和努力。艺术美的创造和再现依靠译者和其他商业翻译行为主体的努力,体现在商业翻译文本、商品或服务上,让消费者获得美的感受和体验。虽然这种艺术美是产品或服务甚至是商品美的副产品,但是艺术美的作用在商品营销中不可小觑。

3. 商品美

商业翻译区别于翻译的最大之处在于其工具性,因此商业翻译文本的使用者的审美需求是以商品的使用和服务的体验为终极目标。商业翻译审美客体的审美构成要素应该包括商品美。这种商品美依赖于商业翻译原文本和译文本呈现的关于待流通的商品或服务的特征和属性的描述。商业翻译中的商品美就是要让消费者真实、清楚地掌握待售商品或服务的准确信息，并能够在信息的接收过程中产生消费的欲望和需求。从某种意义上说，商品美来自语言文字的魅力，却是对商业翻译译者更进一步的要求。

4. 效率美

效率美体现在译者的翻译工作和与其他商业译事行为主体的交流上。这要求译者能够较为熟练地应对商业翻译中语言文化转换，高质量地完成委托的口笔译任务。同时，译者与商业翻译其他译事行为主体之间应有高效、积极的交流。此外，译者除了要保证口笔译文本忠实通顺，还要重视译文本的交际友好性，让受众在阅读信息时轻松愉悦。

5. 主体美

主体美是商业翻译美学中具有个性的客体审美要素。如前所述，商业翻译译者在很多情况下不再是一种隐形的力量。译者经常从幕后走到台前，兼任多个角色，在翻译活动委托方、消费者、媒体等其他商业翻译译事行为主体间进行沟通。以商务口译为例，译者的现身如同商品橱窗展示、发布会现场、海报设计等一样会给消费者和译文本使用者带来视觉的印象。优秀的译者不仅注重自己的语言质量和沟通方式，得体的礼仪举止和优雅的仪容形象也会让他人获得美的感受。

（三）客体对主体审美的制约性

在美学研究中，审美主体和客体之间是相互依存的关系，客体因主体的存在而变得有意义，主体的审美感受受到客体的限制。在商业翻译美学研究中，审美主体的美学感受也受到审美客体的限制，这种限制来自原文本和译文本两个文本，并发生在审美主体审美理解和审美表达两个阶段。简单地说，商业翻译美学中审美客体对主体的限制主要包括语言、文化价值观和技术三个方面。

1. 语言限制

此类语言限制在翻译美学中较为常见。语言限制就是审美客体在语言上给审美主体造成理解障碍或困难，使审美主体难以获得完整的信息、洞察文本的语言美和意境美，难以自如、完整、形象地描述美的感受。在商业翻译中，这种情形既包括译者在理解原文本和译文本使用者在理解译文本上遇到的语言困难，又包括译入语对译者表达原文美感的限制。例如，世界著名运动品牌Nike的口号"Just do it"已经脍炙人口，但没有叫得响亮的译文本。原文本中的那种洒脱和率性很难用"放胆做""想做就做""做起来"等口号完美呈现。同样，苹果公司在推出iphone 6时用广告语"bigger than bigger"，意图传达"科技与简洁并存"理念，这是"你比你想象得更强大""比更大还更大""岂止于大"等对应译文本难以体现的意图。中文商业广告词也会遭遇此种尴尬情况。中国人民保险公司的"PICC，保险没问题"多年未有与原文本媲美的译文本。

2. 文化价值观限制

在商业翻译美学中，审美主体的审美感受会受到来自原语和译入语文化价值观限制。每一个民族在长期的历史发展过程中形成了独特的文化价值观。在商业翻译实践中，译者对美的传达发挥着至关重要的作用。译者要通过长期的学习和译前准备来熟悉原文本中的文化价值观，加深对原文本的理解，体验其带来的美感。只有这样，译者才能准确、全面、忠实地将原文本中的美感通过译入语再度表达传递给译入语受众。从译入语受众来说，如果他们很难接受译入语文化价值观，他们就会难以充分体验原文本中蕴含的美感，还可能会对译文本反感甚至抵触。

3. 技术限制

商业翻译活动参与者的审美体验会受到审美客体技术上的限制，虽然这种限制与前面几种因素相比较为少见，但在信息技术高度发达的商业化时代，这种限制因素也并非个案。例如，消费者在登录跨境电商平台进行购物消费时，如果个人电脑的硬件技术不支持网页的有些功能设置，一些商业文案原文本转换译文本过程中，因条件限制，原本彩色的文本不得不显示为黑白文本，原文本中基于色彩的美感就无法在译文本中体现出来。再如，译者在接到翻译任务，要以文字的形式翻译一段原语视频,那么原语中一些声音图像的美学元素就很难在纯文字文本中再现。译者能感受这种丢失的美,但限于技术难以传达给译入语受众。

四、商业翻译美学矛盾

在商业翻译中,由于文化差异、翻译策略、利益冲突等因素,翻译实践会遭遇各种复杂的美学矛盾,译者等译事行为参与主体应该发挥主观能动性,调整美学矛盾,以求商业翻译美的最大化表现。

(一)言与意

言意之辩是翻译研究的一个老话题,也是翻译理论研究的基础和起点。同时,言意之辩也是中国古代美学的焦点之一。言意之辨最早由古代思想家庄子提出,主要分为"言不尽意"和"得意忘言"两种。到了魏晋时期,言意论得到进一步充实,细分为"言不尽意""得意忘言"和"言尽意"。这里的"言"指的是语言,而"意"指的是思想。言意理论究其本质是主观与客观、译者对原文本的解读和表达之间的关系。《易传·系辞上》云:"子曰:书不尽言,言不尽意。"《庄子·外物》有言:"言者所以在意,得意而忘言。"《吕氏春秋·审应览·离谓》载:"言者,以谕意也。言意相离,凶也。"西晋时期欧阳建的《言尽意论》则极力主张言能尽意。在翻译审美活动中,原文本的"意"常常难以言传,"言尽意"在很多情况下只是一个无限接近的目标和不懈努力的方向。

(二)文与质

在我国古代哲学文化思想体系中,文与质大致有三种含义:第一,"文"指的是形式,"质"指的是内容或本质。文与质是现象与本质、形式与内容的关系。第二,儒家学说认为"文"指的是封建礼法,是修身养性的外在手段,"质"指的是人的天性。文与质的关系是本性与后天修饰的关系。第三,受儒家的影响,后世的学派将"文"解读为华美、艳丽,而将"质"看成朴素、质实(李智,2013:37)。文与质之争也反映了翻译研究中的一对基本矛盾,即原文本—译者—译文本之间的基本矛盾。在商业翻译中，文与质的美学之争依旧突出。孔子云："言之无文，行而不远。"商业文本如果没有文采，就很难以美示人，以美感染人，以美说服人。另一方面，如果译者过度追求辞藻华丽、文风典雅，任意削删，随意增补，无原则改动原文本，则译文本就会丧失商业效率和商业价值，其商业翻译的美感也无从谈起。

（三）异与同

异与同是翻译美学研究的热点问题。异同关系更多的是一种文化关系，即原语与译入语背后的两种文化在审美主体认知中的比较与博弈。翻译和审美都是一种认知实践过程。按照认知心理学规律，人类的认知活动都是从已知到未知的过程。"同"即相同、相似、已知，而异则为差别、陌生、未知。人类的认知是对异的探索和学习，认知的过程就是将异内化为同的过程。但是，对异的认知要以有同的成分为基础，否则异则成为不可知、不可同。同样，翻译的存在就是因为有异的存在，而翻译的可译是因为两种语言有同的成分。人类的审美活动也是一样，"同"太多让厌倦，而"异"太多又让人排斥。此外，对异同的认知也因个体的差别而有所不同。在商业翻译中，译者在译文本美感再现上就要因人、因事把握好同与异的尺度。

（四）利与义

利与义是商业翻译美学研究的特色矛盾。正因为商业翻译的趋利特征，翻译审美活动掺杂了商业利益观。在这对矛盾中，"利"很明确，就是对商业利益和个人利益的追求。这主要包括原文本作者出于商业利益撰写商业文案，也包括译者出于追求个人利益、维护消费者利益或体现委托方利益而采取的种种翻译策略，也包括委托方出于商业利益遴选翻译团队和发布翻译任务，还包括消费者出于个人利益对商品或服务的认知和判断等。在利的影响下，译事行为参与主体的认知和判断是一种价值判断和审美活动。在商业翻译美学中，"义"的含义也有多维性。它既指原文本作者客观真实地在原文本中描述商品和服务，也指译者能够秉持职业操守，认真理解原文本，忠实翻译文本，客观调和各方利益诉求，还指委托方从服务消费者的角度出发，以公正、认真的态度挑选翻译团队和发布翻译任务。在商业翻译中，各审美主体在审美活动中需要认真思考义与利，摆正两者关系，才能最大程度理解、传达和体验商业翻译之美。

五、商业翻译的审美与美学再造

（一）商业翻译译者的审美路线图

如前所述，商业翻译审美主体具有身份的多重性，限于篇幅和研究的针对性，此处本书仅对商业翻译中译者的审美过程进行分析。总的来说，在商业翻译中，译者的审美过程可以分为以下几个方面。

1. 设身处地体验美

以商业营销为例，在很多情况下译者是商业营销文案的第一批读者，也可能是商品或服务的第一批潜在消费者。译者在着手翻译原文本时，很有可能主动将自己想象为消费者，力图体验商业翻译中的商品或服务美，并在整个翻译过程中努力将原文本中的美感再现于译文本中。译者设身处地地感受原文本的语言文化、意境或商品之美是商业翻译过程的第一步。因此，译者的审美体验直接决定了译文本受众的审美收获。

2. 客户沟通研究美

译者与客户沟通研究美主要包括两种情况。译者在翻译过程中可能会通过与客户交流来更好地理解原文本中的审美要素，以期尽可能接近原文本提供者的审美体验，确保翻译中美的忠实与完整。如果译者从译入语语言文化理解、受众心理了解和自身职业素养出发，对原文本的美学表述有一定的异议，认为原文本的表达对译文本美学的再造产生障碍时，译者就会与客户沟通商讨补救措施。值得一提的是，译者与客户沟通研究美的过程也是双方审美能力提升的过程。在这一过程中，译者从客户身上可以学到更加丰富的专业行业知识，增进其对商品或服务的了解，而客户则通过译者的建议或询问更好地认识译入语、译入语文化和译入语受众。

3. 受众互动交流美

译者与受众互动交流美在商务口译或是客服即时文本交流中较为常见。译者与受众的交流也可以分为两个部分。译者会与受众针对商品或服务进行较为充分的互动交流，了解受众对商品或服务甚至是译文本的美学体验。与上一个阶段不同，在与受众的交流中，译者要忽略自我的存在，倾听、理解受众的意见与感受。受众的美学体验会成为译者后期改进翻译策略、与客户深入沟通的出发点和落脚点。这一过程主要偏向于受众对译者的信息输入。译者也在交流中力图展示美，影响受众的审美体验。这一过程主要偏向译者对受众的信息输入。译者对美的展示可以分为两种情况：第一，启迪新知。帮助受众认识另一个世界的语言美、文化美和商业文明美。译者主要以语言为途径，带领受众自己去发现和感受美。第二，改变观念。帮助受众接受新的审美观和审美习惯。这个过程可能会涉及文化价值观和审美风格冲突，因此需要译者充分发挥主观能动性，进行耐心细致的说服工作。例如，中国传统面食企业营销会说服国外消费者认可中国的筷子文化。

4. 受众代言提升美

在与受众充分交流后，译者能够较为清楚地了解受众的审美需求和期待，能够从受众的角度向生产者或销售者提出关于商品或服务销售建议、原文本文案的改进意见，以实现商业翻译中各种审美体验的提升。在这一过程中，除了消费者直接向译者提及的审美要求，译者也需要通过观察、询问和分析，主动发现受众的审美需求，并反馈给生产者、销售者或翻译委托者。这里的译者就是受众的审美代言人，其作用绝非简单的市场调研或问卷调查所能比拟。

（二）商业翻译审美的内容

在美学研究中，诗论家叶燮在《原诗·内篇》提出："曰才，曰胆，曰识，曰力，此四言者，所以穷尽此心之神明。"他认为审美主体审美能力的高低取决于主体的"才、胆、识、力"。"才"指的是审美主体的艺术才能，即对审美客体的认知力和美的洞察力。"胆"指审美主体的独立思辨能力和独立创作能力。"识"指审美主体的审美判断能力和逻辑分析能力。"力"指审美主体的艺术功底和艺术气魄。在"才、胆、识、力"中,"识"是审美主体的核心素质,"胆"依赖于"识",而"才"却依赖"胆"来实现自身的拓展。"力"的展示要以"才"为基础,以"识"为工具,以"胆"为保证。四者相辅相成,互为条件(颜林海,2016:96)。具体而言,商业美学中译者的审美内容可以按照译者对客体美感的获取方式、理解程度和表达分为形象感知、体验认知、抽象理解和主动再现四个部分。

1. 形象感知

美感是在美的事物刺激下对审美主体内部的感受和体验,是一种悦目、赏心、怡神的精神状态,是对美的一种的认识和评价。就翻译而言,主体的感知是对原语审美信息的感应,是一种由表及里、由具体到抽象的认知过程。翻译审美中主体产生的美感以各种心理要素作为有机整体,以理解为导向,两者同时发挥作用。陈新汉(2002:61)在《审美认识机制论》中提到审美感知是一种"积极的心理活动过程",包含了"感知、想象、理解、情感多种因素的交错融合"。茅盾先生说,看到某些自然物或人造的艺术品,我们往往要发生一种情绪上的激动,也许是愉快兴奋,也许是悲哀激昂……总之我们是被感动了,这样的情感上的激动,叫做欣赏,也就是,我们对所要看到的事物起了美感(毛荣贵,2005:22)。因此,译者需要有一双善于发现美的眼睛,敏锐捕捉事物外在美,由表及里,通过外部深入事物的内部,体验和理解其内在美,并将以另一种语言形式再现这些美感。在商业翻译中,因文化差异导致的形象审美冲突时有发生。例如,2008年北京奥运会吉祥物英文名称一开始定为friendliness,后来在外国专家的建议下修改成了Fuwa,其中一个原因就是前者在读音上容易让人联想到friendless,反而弄巧成拙。

2. 体验认知

在译者的审美心理机制中,核心要素是审美情感。译者的情感体验是基于原作者审美体验的一种审美再体验,即译者阐释原文本时,必须投入自己的全部身心,将自己想象为文本受众或消费者来感受使用商品或享受服务过程中的美感。译者的审美体验主要凸显有用性和便利性,在一些商品营销文案中,译者需要营造用户友好的心理环境，尽量让商品本身的功用美感外显，以凸显商品或服务的卖点。与审美形象感知不同，审美体验认知涉及商品或服务的使用，消费者或文本受众往往更加关心此种美感的获得。如果在不涉及审美底线的前提下，文本受众可能会接受形象的美感冲突，而体验上的美感差异往往会引起受众的种种不适，并进而影响最终的购买决定。国内某知名抽油烟机品牌公司曾有一款产品，希望打入欧洲市场，然而前期广告投入市场后反响平平，后来通过客户拜访，负责人发现其商业广告完全是国内广告的忠实翻译，大量的文字在描述抽油烟机的强大马力和排烟量，而不突出其降噪能力。国外厨房多为开放式，加之欧洲烹饪方式不同于中国，消费者对排量要求明显低于中国用户，而对噪音控制却更加苛刻。这一款抽油烟机的国外广告没有凸显此方面的用户体验，其销量遭受滑铁卢也在所难免。同样，在笔者的一次楼书翻译中，笔者就曾建议将户型中关于阴阳学说的相关描述文字替换为家庭聚会类描述文字，以期牢牢抓住在华外国消费者的潜在消费需求，避免文化差异造成的美感体验冲突。

3. 抽象理解

在一般的艺术审美活动中，理解是对审美信息深层意义的揭示。在翻译时，译者要鉴赏和评判原文本，对原作者和译入语受众进行认真细致的分析，斟酌方方面面的因素，再选用最恰当的译入语把原文本创造出来。伽达默尔认为，理解就是一种"对话"。在这种对话中，文本向受众敞开，似乎向理解者提出了一个又一个的问题，而为了理解和回答文本提出的问题，理解者又必须提出业已回答的那些问题，通过这种相互问答的过程，理解者才能不断超越自己原有的视野（伽达默尔，2004：167）。商业翻译中的审美抽象理解就是通过形象审美和体验审美达到对产品内涵、品牌文化、企业精神等抽象事物的理解并获得美感的过程。需要译者清楚了解语言的文化价值观，从受众的角度去粗取精，去伪存真，把握好度，既确保受众能够欣赏不同产品的文化价值观，又能够避免不可调和的文化价值冲突带来的矛盾和抵抗。总的来说，西方消费者倾向于产品文化或企业精神能够体现拼搏、奋斗、公平、正义、创新等价值追求，而中国文化下的消费者崇尚团结、互助、传统、善良和仁爱。在商业翻译中，译者应该仔细审视原文本中的企业精神或产品文化,判断其背后的抽象价值取向是否符合译入语受众的审美倾向。

4. 主动再造

翻译是一种艺术,其美感不仅来自于原文本,也来自于创造的过程。译者作为审美主体,是一个有思想、有情感的生命个体,在整个艺术再创造过程中,应充分发挥自己的审美心理机制和语言表现力,最大限度地调动主观能动性。作为原文本的初始审美主体,译者需要从形象、体验和理解三个角度对商业翻译中的审美客体由表及里进行分析,然后根据译入语受众和译入语文化的审美预期进行美感再造。在审美再造的过程中,译者的主动性主要表现在:第一,积极沟通。这主要表现为译者在沟通对象和沟通内容上做出的主观努力。首先译者应积极主动地与原文本方(主要为原文本作者、销售方或委托方)就原文本在形象、体验和抽象理解上的美学价值进行沟通,以便更好地理解原文本的语言美、形象美、意境美和精神美。然后,译者也要主动接近译入语受众,了解他们的审美倾向和审美需求,根据受众的审美需求重建原语的审美表述,同时根据原文本的审美表述适当引导、改造受众的审美需求,力求在语言文化转换的过程中达到双方美学交流的动态平衡。积极沟通是商业翻译中译者审美主动创造的第一步。第二,适时处理。译者就美学价值充分与其他商业翻译译事行为主体充分交流后,就开始具体的审美再现工作了。审美再现可以分为适时处理和和创造性再造两种情况。适时处理是译者依据译入语受众的审美倾向和审美需求,结合原作者的美学表达意图,对原文本表达的美学元素进行适当的调整。这其中主要是增补强化和删减弱化两种处理手段。第三,创造性再造。当原文本的美学元素完全不符合译入语受众的审美需求,并且原语和译入语的审美冲突不可调和时,译者应该对原文本的美学要素进行创造性替换,以迎合译入语受众的审美需求,实现商业翻译的利益最大化。这种再造反映在语言翻译上会有忠实与叛逆的争议,而在商业翻译中从美学角度来分析译者的创造性再造,其面临的忠诚的伦理约束就相对较小。总之,译者是审美主体,始终处于核心地位,起着主导作用。然而,受审美客体形式、内容等方面的制约,如果译者不善于发挥自己的主观能动性,就不可能得心应手地进行再造活动,再现原文本商业运营中的艺术之美和译入语传播中的效果之美。

第七章　商业翻译教育

翻译教育伴随着人类的对外经贸活动而产生，并经历了自发存在、自然争辩、自由发展到自省式质变的历程。相比翻译教育，商业翻译教育起步较晚，但发展迅速，市场需求强劲。对商业翻译教育进行细致的研究既能够有力地推动商业翻译水平的提升，更好地服务国际商贸活动，也能够丰富翻译教育理论成果，提高翻译教学实践水平。

一、翻译教育史概述

（一）西方翻译教育史概述

在人类翻译活动的早期，翻译教育常常是译者之间的经验交流和传承。从这个角度来说，人类的翻译史就是一部翻译教育史。有历史学家考证，在公元前3000年，亚述帝国统治者萨尔贡或许已经开始命人以翻译的方式歌颂其业绩。汉谟拉比王统治时期的巴比伦也是一个语言多元化的城市，在城市治理和日常交往中人们频繁进行翻译活动，相互交流翻译经验。公元前285年到公元前247年，埃及国王托勒密二世为满足希腊血统的统治者阅读圣经的需要，邀请72位犹太学者聚集在亚历山大图书馆，将《旧约》从希伯来文翻译成希腊文。他们两人一组被安排在36个房间，最后译出36个风格和内容高度一致的译文本。根据考古记载，西方最早的翻译活动可上溯至古埃及人使用象形文字篆刻的"罗塞达石碑"。该石碑上出现了埃及象形文、俗体文和希腊文三种文字。象形文是当时埃及人用来书写重要文件和宗教文本的文字；俗体文是普通大众使用的文字，用于记载日常生活；希腊文是埃及统治者使用的文字。"罗塞达石碑"用于宣传埃及国王托勒密五世的丰功伟绩和巩固王室统治的教令。石碑上镌刻多种语言是为了方便埃及祭司、政府官员、统治者和劳苦大众都能读懂石碑内容。翻译教育在这个时期主要表现为译者在翻译实践中的交流与合作，这一阶段的翻译理论处于萌芽状态。随着古罗马帝国取代古希腊，古罗马人开始大量地吸收希腊文学、历史等精髓，并转化为拉丁文。西塞罗、安德罗尼斯、贺拉斯等人将希腊文学译为拉丁文，并在翻译的作品中提出了不同的翻译主张，引起了人们关于翻译方法和策略的思考、讨论与争鸣。此后，翻译学界的理论争辩慢慢聚焦于直译与意译，即翻译的忠实问题。14世纪随着文艺复兴在欧洲兴起，翻译行为与社会运动特别是宗教改革交织在一起，翻译教育也成为启迪民智和对抗神权的工具。人文主义翻译理论的倡导者法国翻译家艾蒂安·多雷和英国翻译家威廉·廷代尔因为对抗神权而被处以极刑，殉身翻译事业。17世纪至19世纪，人文主义翻译思想不断高涨，以洪堡特、歌德席勒、施莱格尔、施莱尔马赫为代表的翻译理论家相继涌现。这些翻译家在诗歌、戏剧等文学翻译作品中阐述自己对翻译与民族语言、身份认同关系的认识与主张，影响和带动了更多翻译学界人士建立和拓展自己的体系。在这一时期，由于翻译研究尚未形成体系，没有具体的科学理论支撑，翻译教育还处于成长时期。随着工业革命的到来，20世纪逐渐成为翻译的世纪。翻译研究的语言学派逐渐形成。在20世纪语言学理论的指导下，西方翻译理论家如霍姆斯、雅克布逊、奈达、巴尔胡达罗夫等逐步建立了以语言学为基础的翻译理论。此后，翻译研究又出现了文艺学派、哲学学派、功能学派、多元系统及规范学派、文化学派等不同的流派。这些不同翻译研究派别的代表人物很多都在大学任教，教授翻译、语言学等科目，翻译教学也逐渐从语言教学的重要分支成长为一个独立的学科（刘军平，2012：50-437）。这一阶段是翻译教育的快速发展期，翻译学派更迭速度快，翻译教育以自觉和规模教学为主要特征。20世纪中期以来，随着二战后国际组织纷纷成立，国际交流日益密切，各国政府和国际组织也越来越重视译者的培养和翻译教学研究。一批专门译者培训组织、翻译学院和综合性大学的翻译专业纷纷建立起来。翻译专业学位教育也完成了从学士到硕士再到博士的发展。以2012年5月4至5日在巴纳德学院召开的主题为"翻译教学法：当前方法和未来展望"的国际学术会议为例，目前国际翻译教学界主要关注"文凭和学位教学""翻译实践教学""翻译理论、历史和实践研究""翻译教学法和教材研究"等领域，可见翻译教学实践与理论研究已经到了一定的深度（焦鹏帅，2018：88-92）。这标志着翻译教育进入成熟期，翻译教育成为独立的学科，翻译教育大规模壮大并与其他学科融合发展。

（二）我国翻译教育史概述

作为历史悠久的文明古国，我国在史前时代就已出现各部落、各民族交往融合的活动。根据考古记载，早在夏朝，我国黄河流域部落居民就同外贝加尔湖以及米努辛斯克地区异邦居民相互往来，宋代《册府元龟》有"夏后即位七年，于夷来宾"之类的记载，远方使者来朝，本邦必须有翻译才能交流，可见当时就已经有了相关的翻译教育交流活动。在周代，不同民族之间的交往更加频繁，《尚书大传》载："交阯之南，有越裳国，周公居摄六年，制礼作乐，天下和平，越裳以三象重译传而献白雉。曰：道路悠远，山川阻深，音使不通，故重译而朝。"此处的重译就是3 000多年前我国口译活动的真实记录。据《礼记·王制》记载，周朝对专管各方的翻译人员有不同的称呼。例如，东方曰寄，南方曰象，西方曰狄鞮，北方曰译。这就说明早在夏周时期我国对翻译人员就较为重视，并对翻译有了较为细致的管理，翻译教育处于萌芽阶段。上述例子可以证明我国的翻译教育起步明显早于西方世界。然而，和西方相比，我国译者不善传授翻译经验和创立译论学说。我国有关翻译的论述始于佛经翻译兴盛的三国时代，《法句经序》记录了当时佛经翻译活动的细节，东汉支谦为《法句经》制序，提出"名物不同，传实不易"，反映了"质派"译学观点。此后的道安、鸠摩罗什、慧远、僧祐、彦琮、玄奘等在佛经翻译中不断结合实践提出自己的译学观点，影响着后人的翻译实践。这一时期的翻译理论提出者多为僧侣，其翻译主张与个人宗教观点交织在一起，此时的翻译教育和传经讲法混合在一起。佛经的翻译标志着我国的第一个翻译高潮，也是我国翻译教育的第一次大发展。明末清初，我国翻译研究进入第二个高潮,即西学东渐。中国人开始大量翻译西方的科技著作,以徐光启为代表的译者通过西方传教士学习科技知识,共同翻译科技著作,并向当时明朝最高统治者进言"欲求超胜,必先会通;会通之前,先须翻译",强调翻译的重要性和翻译教育的急迫性。清朝末期,随着洋务运动的开展,晚清政府加快了向西方学习的步伐,1861年设立京师同文馆,次年洋务派代表人物李鸿章等在上海添设外国语言文字学馆,1865年洋务派兴办江南制造局,两年后成立翻译馆。此后全国各地纷纷成立相关翻译场馆,负责兵工科技类书籍翻译和翻译人才培训。清朝京师同文馆、上海广方言馆和广州同文馆通过对西学翻译人才的训练,积累了比较丰富的翻译教学经验。1902年京师同文馆并入京师大学堂,改称翻译科,不久翻译科又并入该校增设的译学馆,以研习英、俄、法、德、日语等语言为主,成为中国高等教育外语翻译专业的起点。之后中国进入军阀割据混战的动荡时期,翻译教育事业也几度停滞不前。民国时期,外语专门学校发展较快,英语系科在高校作为重点系科,设置外文系科的学校占全国高校总数的1/3左右。然而,由于政局不稳,学校教学混乱,教育部于1913年颁布的《大学规程》内英文学类的十一种科目多为英美文学和语言学,却无翻译教学的内容(穆雷,1999:6-8)。1919年至1993年,中国现当代史上出现过三类以培养职业化翻译为目标的组织,在某种程度上可以代表中国翻译教育在这一时期的发展方向。1941年为了解决中缅印战区军事翻译需要,更好地配合援华英美盟军工作,国民政府军事委员会紧急征调数千名英语翻译人员,民国教育部面向西南联合大学、中央大学、重庆大学、四川大学、交通大学、浙江大学、武汉大学等高校招收在校生参军服役。同年,国民政府军事委员会还在昆明成立了"战地服务团译训班",开设英文听写、中英文对译等课程。同期,为培养我党翻译人才,中共中央在抗日军政大学筹办俄文大队。1944年延安外国语学校成立英文系,专门培养军事翻译人才(邹振环,2017:44-50)。接下来的几年一直到建国初期,中国共产党又在西安、重庆、大连等地设立俄语、日语等专科学校,培养新中国革命和建设事业急需的外语翻译人才,这些学校经过发展慢慢形成了我国目前的主要外语专业院校。20世纪70年代中华人民共和国在联合国恢复合法席位,我国政府应联合国秘书处要求,委托北京外国语大学筹建联合国翻译人员训练班,为国际组织而培养训练有素的翻译人员。20世纪90年代,由于联合国翻译人员工作机制的变化,联合国不再需要训练班为其源源不断输送翻译人才,北京外国语大学决定在训练班的基础上组建高级翻译学院,并将其定位为高水平翻译方向的研究生培养机构。进入21世纪之后,以上海外国语大学、广东外语外贸大学等为代表的外语专业院校纷纷设立高级翻译学院或翻译学院,并积极探索翻译硕士和翻译学士教育。在这些专业外语院校的带领下,翻译硕士和翻译学士教育已经成为中国翻译教育的最大平台。截止到2021年,全国共有261所高校开设了MTI专业,标志着我国翻译教育在数量和规模上已处于世界领先位置。

(三)我国商业翻译教育史概述

回顾中外翻译教育史,我们不难发现一个一致的路线图,即翻译教育史发起自小规模的翻译交流,经历小范围的翻译方法的争辩,到翻译思想与方法的主动传道,到形成学派扩大影响,再到专门办学,最后到学科融合和行业回归。商业翻译教育起初是翻译教育的一个重要分支,不同于文学翻译凭借文学作品留下历史印记,商业翻译教育的历史源头已无从考证。但是,以我国翻译教育史为例,如前所述,在夏朝就已出现具有外交性质的翻译人员,因此该时期翻译教育应该也算作商业翻译教育的雏形。然而在漫长的古代史中,我国的商业翻译教育长期处于萌芽状态,甚至在张骞出使西域、郑和数次下西洋等重要的国际经济文化交流中,译者仍然是当地住民等临时性的角色,彼时的翻译教育因此没有太多的研究价值。我国翻译教育研究稍具规模应发生在明末的西学东渐运动中,当时的商业翻译教育与外语教育密不可分。例如,明朝科技翻译家王徵在《西儒耳目资》一书序文中提出中国人要克服学习外语的畏难心理,要虚怀若谷,努力学好外语,和外国人直接交流。清初满文翻译魏象乾被乾隆皇帝任命为"实录馆兼内翻书房纂修",曾发表《繙清说》,以供"内修书房"内部交流使用,这应该是较早出现的培训新近翻译人员的内部讲义。百年后,林则徐的学生冯桂芬在上海设立广方言馆,求博通西学之才,储以济变,并最早提议创办翻译公所,希望通过翻译自然科学书籍，达到赶超西方列强的目的。这一时期的翻译馆、同文馆等以教授科技翻译为主。此后由于中国受列强侵略，国内战乱不断，加之世界大战爆发，国内国外环境阻碍了商业翻译活动的正常发展。建国后，由于国际舞台上演美苏争霸，两大阵营开始政治对抗，世界经济一体化进程缓慢。20世纪80年代以来，和平与发展重新成为时代主题，随着我国改革开放的推进和国际政治经济角色的发挥，商业翻译活动和商业翻译教育也得到突飞猛进的发展。上文提到的我国外语院校高级翻译人才的培养就始于这一时期。这些高级翻译学院基本以培养应用型翻译人才为主要目标，是我国商业翻译教育的主体。进入21世纪，随着我国加入世界贸易组织和对外经贸活动的蓬勃开展，商业翻译活动日趋活跃，商业翻译教育的市场化运作程度日益显著。国内翻译教育行业先后出现上海中高级口译证书考试、教育部翻译资格证书考试和人事部翻译资格考试。这些翻译资格考试以客观评价应试者应用翻译能力水平为目标，侧重考核应试者非文学文本口笔译能力，成为衡量外语专业人才语言应用能力的重要标准。随着我国改革开放的不断深入，国际交往、涉外商贸和涉外旅游越来越频繁，企业需要大量具有国际交流能力的商业翻译人才。国内的英语认证考试虽然种类很多，但大多只注重语言能力本身的测试。2012年中国商业联合会组织开展全国商务英语翻译职业资格认证考试（English Translation Test of Business Language），旨在测试考生在商务工作环境中对英语的应用能力，为社会和企业提供源源不断的商业翻译人才。这与前一阶段商业翻译教育不同的是，21世纪的商业翻译教育不再单单凭借高校力量，相关商业行会组织和翻译机构也在积极举办商业教育活动，并产生了显著的社会影响。与此同时，互联网技术和社交媒体的跨越式发展为商业翻译教育带来了机遇和挑战，应时而变地将教育与互联网技术相结合已成为商业翻译教育的迫切要求，这正在改变商业翻译教育领域中高等学校的主体地位，灵活多变、与时俱进的在线教育可能成为商业翻译教育最具效率的主流形式。

二、商业翻译教育的必要性与可行性

(一)商业翻译教育的必要性

如前所述,商业翻译的正确与否对商业利益的实现产生了深远的影响。在当今时代,商业翻译教育势在必行,刻不容缓,主要原因如下。

1. 商业翻译并非易事

2012年国内奶制品巨头蒙牛集团曾发布一则品牌广告,其中的广告语"只为点滴幸福"对应的英文翻译是"little happiness matters"。该广告语的英文翻译引起了社会的广泛争议,有英语教学界专家和外籍学者质疑该广告语的翻译,认为对应的英文广告语意为"几乎没有幸福是重要的"。作为国内极具影响力的大企业,蒙牛集团对广告设计及其形象维护颇为重视。此次广告发布委托了麦肯·光明广告有限公司。后者是由美国麦肯世界集团与《光明日报》社于合资组建的专业广告公司。在英文广告语引起社会热议后,该公司坚持其译文本符合英语谚语用法,并援引多位英美籍专家为其辩解。然而,辩论的另一方也查找专业英语词典,请教英语教学专家和外籍人员。其实从商业广告传播效果的角度来看,如果大众尤其是受众认为广告语有歧义或对之持有敌意,那么这个广告翻译就是失败的。行业巨头公司花巨资请专业广告公司完成的广告语翻译尚且如此,小公司的商业翻译质量就可想而知了。现今不少国际经济贸易活动是在中小型企业间进行,由此可见我国商业翻译教育任重道远。

2. 拙劣翻译会造成商业损失

在商业翻译中,因翻译失误造成商业损失的案例屡见不鲜。Assume nothing 是英语中较为常见的一个表达,意为"不要做任何假设",不带任何偏见和成见去看待周围的人和事。这也是汇丰银行的口号,意在强调尊重客户的多元化背景,谨慎地对待客户。然而,这一口号在其他国家对应的翻译却成了"毫不作为",完全背离了汇丰银行的初衷。为了扭转这一负面影响,汇丰银行不得不斥资1000万美元将其广告语修改为"世界私人银行",重新塑造其私人银行业务品牌形象。国内商业翻译失败招致的经济损失案例更是不胜枚举,而且损失的赔偿有时直指译者。2009年国内某省一位投资者与朋友欲在巴基斯坦投资矿产开发。在得到当地矿产部门的一份矿产开发报告后，他委托国内一家翻译公司将其翻译成汉语。由于金和银两种金属元素化学符号 Au 和 Ag 较容易混淆，译者在翻译时误将矿产报告中的金属银翻译成了金。这引起了客户的极大兴趣，于是他们邀请合作者远赴巴基斯坦实地考察。当得知真相后，客户勃然大怒，将译者告上法庭，要求译者赔偿损失。

3. 商业翻译道德失范屡见不鲜

翻译道德失范古已有之。在宋代翻译被称为通事，宋洪皓《松漠纪闻》就有记载通事收受贿赂，故意歪曲女真上官的意思，以权谋私，而金人虽知其弊端，却无法杜绝。近代以后，翻译作为各国商贸往来的辅助手段迅速发展，翻译道德问题也日益凸现。时至今日，商业翻译中的道德失范现象不仅出现在译者身上，也出现其他商业翻译行为主体。由于商业翻译的特性，商业翻译中非译者主体的翻译道德问题要比文学翻译中的问题更加常见和复杂。具体来说，商业翻译中委托方可能会出现道德失范行为。例如，在挑选翻译服务提供商时，委托方一味考虑节省成本而选择报价较低但资质不高的翻译服务提供商，或压缩稿件完成时间导致稿件质量出现问题。在翻译服务结束后，委托方也常常出现恶意拖欠译者薪资或故意违约拒付、少付翻译报酬的情况。商业翻译译事行为主体中媒体等传播方也会出现翻译道德问题。这主要体现在媒体对商业翻译文本没有尽到审查义务上，纵容商业翻译出现违反社会公德、虚假宣传、文化歧视等道德问题。此外，商业翻译中受众或消费者也可能会出现道德失范的问题。例如，消费者在选择商品时可能不会考虑商业翻译文本案抄袭问题，翻译受众在跨国商务谈判中可能会把因自身过失造成的经济损失强加到译者身上，以求减轻自身责任。翻译道德伴随翻译活动始终，商业翻译道德约束因商业活动中物欲的诱惑而变得易于失控。在商业翻译活动日趋活跃的今天，商业翻译道德几乎涉及全社会每位成员，因此，提高大众对商业翻译道德的认知和了解，提升商业翻译活动的道德水准显得十分必要。

4. 商业翻译要求和期望值较低

从目前来看，商业翻译入行要求较少，从业门槛较低。在我国，外贸行业翻译占据商业翻译较大的比重，在外贸行业翻译中，中小企业外贸业务翻译居于主体地位。由于外贸行业人才缺口较大，现阶段外贸行业对从业人员学历甚至专业要求并不高。很多英语语言功底不够扎实、没有通过英语专业四级考试甚至是全国大学英语四级考试的学生也能入职外贸等商务外语行业，并从事商业笔译甚至口译工作。笔者在与外贸公司的交流中发现这一群体在不同规模的公司均占较大比例，他们普遍表示应付口笔译工作非常吃力，通过自我学习去提升翻译技能的难度很大。他们迫切希望能够接受系统的、针对性强的、效率较高的翻译业务培训。当下的商业翻译也面临社会期望值较低的窘境。很多企业负责人认为有些营销推广类商业翻译可有可无，质量不高也无伤大雅，因此经常会将此类翻译任务随意委派给没有经过专业训练的人员。有些商业翻译甚至出现英语与汉语拼音交替使用的荒唐现象。对于商务谈判、贸易合同等关键的商业翻译任务，许多企业负责人或会采用外包的形式，完全没有考虑相关翻译技术人员的培养和团队的建设。外包的翻译任务经常会被再次转包，其翻译质量大打折扣。更严重的是，若外包公司或翻译公司聘请的译者合作意识不足、保密观念不强，很容易造成商业机密外泄和商务合作失败。此外，在具体的商业翻译中，翻译双方对翻译行为本身重视程度不高或认识不到位。以商业英语口译为例，据笔者多年观察，有相当比例的商务谈判双方只有一个译者，在这种情况下译者很难做到绝对的公正和不偏不倚。要扭转这种局面，就要下大力气进行商业翻译教育，并扩大常识性普及教育的覆盖面，帮助公众提高对商业翻译的认识，积极推动商业翻译质量的持续改进。

5. 新媒体技术融合加速，翻译活动技术含量增大

翻译技术指翻译行业所使用的信息技术和电子翻译工具，具体包括机器翻译、翻译记忆系统、术语管理系统、软件本地化工具、在线词典、术语库、语料库等（卢卫中、陈慧，2014：62-67）。翻译技术教学在20世纪90年代末逐渐引起国内外翻译学界的关注。近年来随着互联网技术、人工智能技术、虚拟仿真技术和大数据技术的广泛应用，翻译活动特别是商业翻译活动的技术含量和技术应用水

平不断提升。克罗宁（2012：1）指出："翻译正处于一个革命性的剧变期。数字技术以及互联网对于翻译的影响是持久、广泛而深刻的。从在线自动翻译服务到众包翻译的兴起，再到智能手机翻译应用程序的激增，翻译革命无处不在。对于人类语言、文化和社会而言，这种革命是根本性的，也是意义深远的。信息时代即是翻译的时代，这就迫切需要人们用新的方式来探讨和思考翻译，尤其需要全面考察数字化领域的剧变"。翻译教育特别是商业翻译教育也要紧跟翻译实践发展，在教育理念、教育技术、教学手段、课程设计等方面做到与时俱进，以应对人工智能和大数据为代表的新一轮科技革命和产业变革的挑战（胡安江，2021：68-74）。商业翻译教育从根本上来说要为商业翻译实践服务，翻译技术教育要致力于提升译者的翻译技术能力。互联网时代的翻译技术能力从构成要素上可以分为专业翻译技术能力、数字化翻译、工具实操能力和组织翻译活动的管理思维能力（王少爽、覃江华，2018：90-96）。然而，我国翻译技术课程的开设效果并不理想，翻译技术教学发展相对缓慢，也鲜有学者系统对比、分析国内外翻译技术教学研究以寻求对策（肖维青、钱家骏，2021：62-70）。

（二）商业翻译教育的可行性

考虑到商业翻译的普及性及其对社会的重要影响，扩大商业翻译教育覆盖面和深化商业教育的内涵势在必行。值得庆幸的是，这一努力具有较强的现实可行性，具体原因如下。

1. 商业翻译教育有矩可循

如前所述，我国翻译教育自20世纪50年代已经开始系统性发展，并取得了一定的成果。国内翻译学界在翻译教学内容、教学设计、理论实践关系、体系流派、教学方法等主要教学研究方向上均有所建树，积累形成了数量可观、质量较高的研究成果。尽管部分成果来自国内翻译理论与实践教学，特别是文学翻译教学，但不可否认的是，其教学反思和研究思路同样对商业翻译教育具有价值极高的借鉴作用。近年来随着翻译学士、翻译硕士等翻译专业学历教育的大规模发展，应用型翻译教育在教学水平和教学成果上取得了突飞猛进的发展，为商业翻译教育提供了大量宝贵经验和可借鉴的模式。目前,国内教学界已经出版了数量众多的不同层次、多个方向、不同体系、多种教学理念指导的翻译教材,这些教材为商业翻译教育建设提供了一定的启发。此外,随着产学研融合发展的加速,翻译教育在积极推动校企合作,企业也在积极与高校等教学机构进行密切合作,充分利用教育智库资源提升自身商业翻译能力与水平。日益密切的校企合作使得商业教育更加务实、科学,更具有社会价值。

2. 商业翻译教育目的性和可操作性较强

商业翻译具有较强的目的性,这是区别于文学翻译教育的重要特征。商业翻译教育的目的性不仅局限于国际经贸交流,更体现在教育的服务范围缩小至具体的行业和领域,例如医疗行业翻译培训、知识产权领域翻译培训等。这种类型的培训经常以主题展开,教学内容以行业背景知识、前沿词汇、行文格式和基本句型为主,具有短平快的特点,可高效地帮助翻译从业人员系统掌握该领域行业术语和翻译技巧。商业翻译对文本修辞要求不如文学翻译那么严格,对教学培训对象的语言功底并不需要很高,教学可以采用大班讲课的形式,并不强调学员的反思和教学的互动。近年来,在北京、上海、广州、重庆等地均有翻译公司安排有经验的翻译人员根据公司主要经营范围开办法律英语翻译、汽车行业翻译、工程翻译、医疗行业翻译等集训班,取得了明显的经济效益和社会效益。经过短期训练,相当比例的人员能够进入从事相关的翻译工作。这在一定程度上也说明了商业翻译教育具有很强的操作性。

3. 商业翻译教育项目属性较强

商业翻译经常以项目组为单位开展翻译实践活动,因此商业翻译教育具有较强的项目属性。在项目组内部,商业翻译教育常常表现为项目组成员之间的互助式交流、团队建设和协作式项目运行,这种教育形式具有一定的自发性,优点是实践性强,知识技能易于接受,缺点是仪式感不足,个体接受效果差别较大。在项目组外部,商业翻译教育常表现为项目组之间的经验交流与互动。与项目教育不同,此种教育形式多关注总体式的经验指导,缺乏共时性的项目协作,因此成员的参与度不高,但是教育能够在较短时间内覆盖项目运行的全过程,能够减少项目成员因探索而造成的时间和精力投入。商业翻译的项目属性还体现在商业翻译教育会应项目的运行而展开，例如，很多商业翻译项目在招聘新人时会为新入职员工提供一至数月的翻译培训，帮助他们尽快熟悉工作领域，了解行业术语，掌握翻译技巧。商业翻译教育的项目属性决定了商业翻译经验可以推广、商业翻译技巧可以广泛应用、商业翻译项目协作模式可以借鉴，这些无疑是商业翻译教育的优势与效率所在。

4. 商业翻译教育具有资金和资源优势

商业翻译教育主要为商业翻译服务，也就是为资本服务的。因此，有资本支持的商业翻译教育在实施的过程中可以避免很多困难和挑战。目前翻译行业经常会有知识产权、汽车行业、法律行业等专题翻译培训，还出现一对一师傅带徒弟式的同传培训。这种业态的培训班能够长期存在，甚至场场爆满，也在一定程度上说明了商业翻译教育商业化运作的可行性和有效性。商业化运作的商业翻译教育目前有多种形式。相关行业组织或大型企业集团内部会召集举办相关专题翻译培训。这种专题培训会针对商业翻译的某一个具体行业甚至是具体领域，培训的思路是问题导向和专题解决，培训的内容多为实践方向，甚至是具体篇章和句型的演练，很少会涉及翻译理论。商业翻译教育也多出现校企合作培训形式。这主要是企业通过学校师资对自身人力资源进行专业翻译培训，而学校也愿意和企业合作以更新课堂教学内容，提升翻译教学的实用性和针对性。然而，由于合作学校翻译教学的学院派特色，此种商业翻译教育会经常包括翻译理论讲解与介绍。商业翻译教育也出现企企合作的形式。这表现为企业借助翻译公司等专业翻译机构的人力资源优势对自身员工进行特定领域的商业翻译教育。这种教育形式目的性强、持续时间短、应用性高，培训内容多以案例分析和实务训练为主，少有对理论的阐释和梳理。最后，翻译公司等翻译服务机构也存在频繁的商业教育。这种教育多以新员工入职或新项目启动为起点，基本是老带新式的经验传授，培训内容多来自公司或机构内部的翻译案例，具有很强的针对性。

5. 远程技术的发展让在线课程成为可能

随着互联网技术和现代信息技术的发展，商务英语笔译早已实现了远程在线翻译，商务英语口译在一些场合也实现了电话口译。远程翻译已经成为商业翻译一种较为常见的形式，因此在翻译教学研究中，现代信息技术在翻译实践中的应用也已成为研究的重点之一。21 世纪以来，教学界的技术革命深深影响了翻译教育，多媒体技术、虚拟仿真技术、微课、慕课、翻转课堂等现代教育技术也逐渐走进翻译课堂，成为翻译教育的重要手段。除此之外，语料库、大数据、眼动软件等软件技术直接用于商业翻译教学，有力地协助了教学者更好地观察学习者的翻译实践与学习过程。2020 年受新冠疫情的影响，线上教育快速发展并一度成为教育行业的主流，线上教学软件平台、线上教学评测体系和线上教学资源都日趋成熟，线上教学已成为传统教学的积极补充甚至是灵活有效的替代方式。这一点对于商业翻译教学也不例外，从 2020 年开始，线上的各种商业翻译教学研讨会日趋频繁，有效地突破了商业翻译教育面临的地域壁垒。随着互联网技术和远程信息技术的不断升级，商业翻译教育将会更加普及、高效。

三、商业翻译教育形式与内容

（一）翻译教学与教学翻译

正确认识翻译教育特别是商业翻译教育，首先要区分教学翻译与翻译教学。教学翻译主要指以外语为中心，以翻译为手段，旨在提升学习者外语语言应用能力而进行的教学活动。一般来说，在教学翻译阶段，学习者的外语水平还比较低，对词汇、语法和篇章的学习还需要母语辅助，因此翻译成了外语学习的一种手段。翻译训练在教学翻译阶段以词句的练习为主要形式，翻译训练的本身并不是为了翻译教学。在当今的外语教学中，教学翻译仍然应用广泛，从严格意义上来说这种教学状态对翻译教学并无帮助。区分教学翻译和翻译教学的意义在于避免将翻译教学做成教学翻译，人们容易将翻译能力培养简单地等同于语言能力的培养，翻译课成了语法练习和语言比较课。翻译教学应该将翻译视为一门艺术、一门科学。随着翻译教学过程的不断深入，翻译教育内容越来越脱离简单的语言转换，而趋向于思维的训练和意识的培养。穆雷（1999：184）在《中国翻译教学研究》

一书中将翻译教学分为三类：第一类是为辅助外语教学而进行的翻译教学，主要提升学生的双语应用能力；第二类是为培养翻译人员而进行的翻译教学，重点在于培养翻译人员的正确翻译观，提高其翻译能力；第三类是为推行素质教育而进行的翻译教学活动，主要帮助学习者提升外语能力，深入了解外国语言文化。这种基于目的的翻译教学划分对研究翻译教育内容特别是商业翻译教育内容具有很强的指导意义。通过分析，我们不难发现商业翻译教育基本属于翻译教学而非教学翻译，在很大程度上属于第二类，即为培养翻译人员而进行的翻译教学。明确这一点是进行商业翻译教学内容研究的前提条件。

（二）商业翻译教育形式

如前所述，经过长时间的发展，商业翻译教育已有多种形式，按照不同的维度有不同的划分标准。

1. 主动教育与被动教育

商业翻译教育可以分为主动教育和被动教育。主动教育是学习者出于自身兴趣或需求，自愿接受教育。被动教育是学习者尚未认识到学习的必要性而被动接受教育。一般来说，当商业翻译教育为被动教育时，学习者要么对商业翻译行业了解过少，要么对商业翻译没有兴趣，这时商业翻译认知活动和商业翻译兴趣培养就需要成为商业翻译教育中必不可少的一部分。当商业翻译教育为主动教育时，学习者对商业翻译较感兴趣，比较了解商业翻译行业，甚至已经具备了一定的商业翻译基础。此时的商业翻译教育从内容、师资、训练形式可能都与被动状态下的商业翻译教育有所区别。

2. 学历教育和非学历教育

商业翻译教育也可以分为学历教育和非学历教育，其主要区别在于学习者的学习行为是否与取得学历或学位证书直接相关。在学历教育的框架下，商业翻译教育只是诸多课程中的一门，学习者可能并没有从事商业翻译行业的意愿或计划。非学历形式的商业翻译教育则可能是学习者为了解决实际问题、满足实际需求而参加的教学活动，以行业教育和备赛备考培训为主。面对这两种不同形式的教育，教育者自然要采取两种截然不同的教育策略，同时教学内容、教学测试和评价标准也会有较大的区别。

3. 专业教育和非专业教育

商业翻译教育也可分为专业教育和非专业教育，这里的专业与非专业的划分主要以学习者的专业归属为主。这种区分在一些情况下与学历教育和非学历教育重合。但是，对于高校的商业翻译教育，这种区分主要反映为英语类专业商业翻译教学和大学英语应用翻译教学。从时间上来看，专业商业翻译教学起步较早，水平较高，师资实力雄厚，较为重视理论教学，实践教学活动较为丰富。大学应用翻译教学起步时间较晚，体系性不强，教学水平和质量相对较低，师资实力有限，理论教学比重不高，实践教学较为缺乏，教学后应用效果较差。从全面发挥商业翻译服务经济的社会功能来说，增加非专业教育投入、提升教学水平和教学质量是当前及今后商业翻译教育建设的一个重要方向。

4. 系统教育和零散教育

商业翻译教育的系统与零散之分主要在于教学内容是否体系化和教学活动是否具有延续性。一般来说，系统教育主要是帮助学习者较为全面地掌握商业翻译的基础性理论和技能，教学内容以认知理解和应用为主，而零散教育则具有很强的功利性，教育活动往往直指商业翻译中更加具体的实际问题，教学内容以识记性知识和重复性操作技巧为主。就高校而言，商业翻译教学无论面向专业还是非专业，要坚决避免系统教育零散化，以确保教学效果。在企业，零散教育比较常见，企业应该努力通过多渠道整合资源，将零散教育系统化，更有效率地提高从业人员翻译能力和语言服务能力。

（三）商业翻译教育内容

商业翻译教育形式不同，不同形式的商业翻译教育也有不同的内容侧重，商业翻译教育对象的变化也会导致教育内容的改变。总的来说，商业翻译教育涵盖商业知识、商业翻译史、双语文化对比、双语翻译策略技巧、翻译技术、商业翻译伦理、商业翻译职业素养、商业心理学、商业美学等诸多领域。商业知识教育应该贯穿商业翻译教育的全过程,这也是商业翻译教育与时俱进的重要保证。商业翻译史是商业翻译教育中容易被忽视的一个环节,翻译史的教学突出翻译学科的规律性,因此初级水平的商业翻译教育应包含商业翻译史教育。双语文化对比和双语翻译策略技巧是翻译教育的常见主体内容,目前教学界对这一部分研究比较充分,成果也比较丰富。翻译技术的密集性是商业翻译的一个主要特征,这主要包括两个方向:一个是翻译活动本身的技术化处理,例如翻译软件的使用,而另一个是商业活动的技术参与,例如在线直播销售。在商业翻译教育中,针对前一个方向的教育是帮助学习者掌握现代信息处理技术,辅助翻译活动,而针对后一个方向的教育是引导学习者学会正确分析、处理技术化的商业活动中出现的新问题。商业翻译伦理也是商业翻译教育的个性化内容,翻译的忠实性和商业的趋利性相互碰撞,必然会产生价值的取舍与伦理的冲突,商业翻译学习者从一开始就要培养伦理意识,全面客观地评价商业译事行为主体、商业翻译活动和商业翻译文本。翻译职业素养也是翻译教育中的常见内容,商业翻译因涉及商业译事行为主体的经济利益,其译者的职业素养教育就显得更为重要。商业心理学是理解、看待和处理各种商业活动的实用指导理论之一,对译者在译入语环境中帮助参与主体有效沟通、达成商业目的、实现最大利益有重要的意义。言之无文,行而不远,商业翻译讲求语言的简洁新颖和感召力。目前,商业翻译教学中的美育是薄弱环节,现有的商业翻译教育往往只关注知识性和实用性,忽视学生创新能力和审美素养的培养。

四、商业翻译教学测评

翻译测评指翻译测试与评价,属于应用翻译学研究范畴。其中,测试与评价互相联系而又有所不同,易于混淆。翻译测试是通过一系列具体程序对被测试对象所掌握的翻译知识、翻译技巧和翻译能力进行量化的测量(张培欣,2017:3)。翻译评价是对翻译质量或翻译技能的评定,按照坎贝尔和黑尔的主张,翻译评价可以分为两大类:一类是教学与鉴定,用于教学培训;另一类是比赛和人才选拔,主要用于评价翻译质量(肖维青,2012:17)。翻译评价在一定程度上包含翻测试，翻译评价可以是定量，也可以是定性的，而翻译测试大多是定量的。翻译测试是评价的前提和手段，而翻译评价是测试的目的和结果。

（一）商业翻译教学测试

翻译教学测试是翻译教学过程中的一个重要环节，也是衡量教学质量、评价学生翻译能力和水平的有效手段（方梦之，2011：314）。从理论上讲，翻译测试伴随翻译活动同步出现，我国最早的翻译测试可能出现在夏朝。但是，有学者考证，我国历史上有记载的翻译测试始于清朝顺治八年。当时清政府为八旗子弟设立了"满洲翻译"和"蒙古翻译"两科考试，后来同文馆的翻译考试要求考生将外国照会译成汉文，或将某条约具体内容译成外文（肖维青，2012：31）。随后近百年的时间里，翻译测试一直服务于政府部门翻译人才培养和少量高等院校外语教育。直到新中国成立特别是改革开放后，翻译测试才开始随着翻译教学的普及而受到教学界的重视。随着翻译测试研究和翻译测试理论的兴起，商业翻译开始快速发展，商业翻译测试也开始逐渐成形并发展。从最初的外向型企业翻译类岗位员工招聘考试到商业翻译行业专业翻译人才测试、高等院校商业翻译类课程考核、不同机构组织的商业翻译资格证书考试，商业翻译测试经历了由少到多、由弱到强、由点到面、由泛到精的发展历程。

翻译测试重在考查被测试对象的翻译能力，包括双语的理解能力和表达能力，具体说来就是两种语言的词汇和语法在不同语境中的运用，用另一种语言构建语篇却又表达原语意思和语气的能力，双语的运用能力还包括处理两种文化的能力（彭萍，2015：194）。商业翻译测试重在考查被测试对象商业环境中的语言转换能力、以实现商业利益为目标的语言应用能力以及商业交流中表现的文化素质和职业素养。

（二）商业翻译测试形式与作用

翻译测试古已有之，但直到20世纪90年代国内才对翻译测试系统研究。传统的翻译测试一般只包括单纯的句子和段落翻译，虽然后来增加了篇章翻译，但测试形式仍过于单一，内容不够丰富。经过二十余载的发展，在本世纪翻译测试从理论到实践都取得了明显的进展。有学者提出翻译测试内容上要反映课堂所教与所学，在难度上要注意分级，体现低、中、高三个维度（彭萍，2015：196）。在形式上，现有翻译测试题型以句子翻译、段落翻译、填空题、选择题、改错题、条件翻译题、译文本评析题等，主要考察学习者语言理解分析能力、跨文化交际能力、语篇构建能力等。商业翻译测试的内容应该以此为依据体现学生的商业知识、职业素养、语言能力和职场技能的有机统一。由于商业翻译教育的广泛应用性，商业翻译测试要体现课程目标达成度和人才培养达成度，学历教育下的商业翻译测试还要体现毕业要求达成度。鉴于此，笔者认为商业翻译测试可以包含以下测试题型和测试内容：

1. 商业翻译测试形式

（1）填空题

根据前面对商业翻译教育内容的论述，商业翻译测试应该考察学习者对商业翻译史、商业背景知识、商业翻译理论与技巧等的掌握情况。这些事实性的知识易于掌握，能够帮助学习者较好地了解商业翻译行业，也能够有效激发学习者的学习兴趣和专业热情。针对这部分的考核可以采用填空题的形式，分值占比不宜过高，一般不超过10%。

（2）句段翻译

句段翻译主要测试学习者对行业词汇和短语的掌握能力、对原语和译入语两种语言对比的分析能力以及翻译技巧的运用能力，这种题型的优势在于能够培养学生自觉运用技巧进行翻译的能力（徐莉娜，1998：32），然而，句段翻译只能考察学习者微观的语言转换处理能力，很难反映学习者句以上单位的语篇构建能力。这部分题型可以作为学习者翻译能力评价的参考依据，分值一般不超过20%。然而，在一些商业公司或翻译行业的内部培训测试中，甚至在一些高等院校商业翻译课程期中考试中，句段翻译可能仍是翻译测试的主体，这显然是不合适的，不仅很难客观评价学习者的翻译能力，而且还会对学习者产生方向性误导，让其忽略综合性的翻译能力构建。

（3）篇章翻译

此处的篇章翻译就是文本翻译，是从篇章的角度来审视学习者的翻译能力与水平。这种类型的测试能够从微观处理和宏观把握两个角度考察被测试者，以文本的语篇连贯、文体特点和汉英语言对比的角度来考察学习者的篇章分析能力、逻辑思维能力和语篇构建能力。在当今，从课程试卷到翻译资格证书考试、MTI招生考试和翻译人员入职考试，篇章翻译都已成为测试的主要内容。

（4）翻译评论

翻译评论主要考察被测试者的翻译理论运用能力、翻译思维能力和审美能力，包括翻译作品评论与译文本对比两种形式。这是主观性比较强的测试题型，具有较强的应用性，需要被测试者较好地掌握翻译理论和技巧，具备较强的分析和归纳能力。在商业翻译测试中，翻译评论题型还会测试学习者是否能结合具体商务场合、消费者心态等因素分析翻译义本。从这个角度来说，翻译评论除了反映被测试者的翻译理论水平和逻辑思维能力，还能够从某种程度反映被测试者从事商业翻译的潜质和商务沟通能力。

（5）案例分析与创作

案例分析与创作是商业翻译独有的测试题型，根据笔者的翻译经验，商业翻译活动在很多情况下通过项目推进。与文学译者相比，商业翻译译者还需要具有商业翻译项目管理与运营能力。案例分析与创作可以通过真实或虚拟的商业翻译案例，考察被测试者市场分析能力、项目统筹能力、翻译任务组织分解能力、团队协作能力、质量控制与对外沟通等各项综合能力。这种测试题型基本为商业翻译测试所独有，且一般出现在高水平的行业测试中，测试的焦点也不再是语言的转换能力，它更关注被测试者的翻译管理能力。

此外，商业翻译测试应允许被测试者借助字典等工具书或使用网络、翻译软件的形式完成翻译任务。商业翻译测试还可以利用虚拟技术，借助虚拟场景，对被测试者进行更加细致全面的考察，以最大程度评估被测试者的综合商业翻译能力。

2. 商业翻译测试作用

商业翻译测试是商业翻译教育过程中一个必不可少的环节，对商业翻译教育来说具有不可替代的重要意义。其作用可以按照教学管理者、教师、学习者、雇主等维度加以分析和梳理。从教学管理者的角度来说，商业翻译测试可以在宏观层面为教学管理者的教学安排提供反馈和启示。与翻译教育不同，商业翻译教育更强调商业特性，商业翻译测试能够及时帮助教学的决策者反思在课时安排、师资结构、课程目标等宏观制度安排上是否符合市场实际需求和学习者实际水平。从教师的角度来说，商业翻译测试的作用是帮助教师在微观层面改进教学效果，确保课程教学内容能够满足学习者需求、企业和行业的需求。同时商业翻译测试也能够在一定程度上帮助教学人员进行自我翻译教学能力评价，促使教学人员不断提升自身教学能力，以呼应快速升级的商业翻译活动。从学习者的角度来看，商业翻译测试不仅能够检验学习者的学习效果，便学习者对自我翻译能力有较为客观的判断，而且还能够帮助学习者更好地认识商业翻译活动，从而确定自己的职业选择和奋斗方向。从雇主的角度来说，商业翻译测试能够帮助企业选拔翻译员工，评价员工的翻译能力。

(三) 商业翻译教学评价

1. 商业翻译教学评价定义

评价是一个价值命题，是对待事物有用性的界定与评估。翻译教学评价不同于翻译评价，其根本区别在于前者是以翻译教学为中心点展开的观察、研究和定性活动。翻译教学评价以一定的教学目标为导向，对学生翻译的行为和心理过程做出价值判断，并不断完善翻译教学。翻译教学评价对翻译教学发挥着导向、预测、鉴定、交流、反馈、激励、调控、管理的作用，是翻译教学中的重要环节（王树槐，2013：278）。以此为基础，商业翻译教学评价的宽泛定义可总结为以特定教学目标和教学需求为导向，对学习者翻译活动和社会影响做出价值评价，以改进商业翻译教学效果，更好地服务商业翻译实践活动。这里的定义凸显了商业翻译教学更强的服务功能和经济属性。

2. 商业翻译教学评价主体

同商业翻译教学评价内容一样，商业翻译教学评价主体也比翻译教学评价主体复杂。总的来说，商业翻译教学评价主体主要包括教师评价、同伴评价、用户评价和匿名评价。作为商业翻译教学的直接实施者，教师在商业翻译教学评价主体位序中应列第一位，教师的作用是其他评价主体无法替代的，其评价意见在最终总体评价生成中占主体地位。自我评价就是学生对自己商业翻译学习效果和自己商业翻译能力进行评价。自我评价应建立在师生合作的基础上。学生要在教师的指导下进行自我评价，而教师也要相信学生，尊重学生的自我评价。同伴评价的同伴对应的英文为peers，包括但不限于同学。同伴可以是课程教学中的同学，也可以是翻译实践中的合作者。同伴评价对于学习者的形成性评价具有重要意义，可以帮助学习者更好地认识自我翻译能力和沟通能力。用户评价是商业翻译文本的使用者对商业翻译教学进行评价。这一评价主体参与翻译教学评价是一种教改式的创新，在商业翻译教学评价中是不可或缺的一部分。在商业翻译教学中，企业人员、翻译公司从业人员甚至是消费者可受邀参与教学评价。受益于现代信息技术和互联网的发展，匿名评价在商业翻译教学中的应用也日趋常见。学生评教、翻译比赛匿名评审、论坛或教学软件中的匿名发帖都是匿名评价的主要形式。

3. 商业翻译教学评价内容

探讨商业翻译教学评价内容离不开商业翻译教学内容研究，而商业翻译教学内容又和商业翻译能力紧密相连。因此，商业翻译教学评价内容基本上是对商业翻译能力的检测和评定。如前所述，PACTE翻译能力的构成模型涉及双语能力、翻译知识、语言外知识、翻译策略、信息化时代下译者工具使用能力和译者心理生理因素。基于此，商业翻译教学评价要涵盖译者的双语转换能力、翻译技巧、百科知识、演讲写作能力、交际能力、工具操作、团队协作、任务处理、职业服务意识、职业道德意识、心理素质等。同时，商业翻译教学评价也要考虑课程教学效果的评价，例如教师的教态教法、教材和课程的设置等。此外，商业翻译教学评价还应考虑被评价者的持续改进能力，评价内容应包括学生的职业潜能、发展潜力、职业规划能力和终生学习能力。

第八章　商业翻译教材建设

教学发展，教材先行。要持续提高商业翻译教育质量，就需要从教材入手，有效提升教材的针对性、科学性和时代性，让商业翻译教材更好地服务课堂教学、行业培训和个人终身学习。鉴于商业翻译的社会实用性，商业翻译教材要充分整合校企资源，发挥高校社会功能，体现行业前沿动态，服务专门用途英语教学研究和学科发展。

一、历史回顾

（一）我国翻译教材历史回顾

翻译学作为一门独立的学科，教材建设是其核心，它承担着传递课程理念、表达课程内容的使命，"应该有组织地以简化的方式去体现翻译学和知识主体"（张美芳，2001：154-155）。在中国古代，基本没有成形的翻译教材。清初满文翻译魏象乾的《繙清说》可以说是较早出现的有一定体系的内部培训讲义。洋务运动直到民国时期的官方翻译培训，不论是介绍国外科学技术还是服务战事交流，多从国外相关读物中摘取段落，供学习者练习。真正意义上的翻译教材直到20世纪50年代才出现——陆殿扬先生用英文写成的第一本翻译教程《英汉翻译理论与技巧》。陶友兰（2011：39-56）将我国的翻译教材编撰史大致分为五个阶段，即翻译教材的初创时期（1949—1979）、翻译教材的发展时期（1980—1989）、翻译教材的繁荣时期（1990—1999）、翻译教材的多元化时期（2000—2005）和翻译教材的专业化时期（2006年至今）。在初创时期，我国各项事业百废待兴，国际政治局势也风云变幻，国内外语教育尚处于起步阶段，我国与国外的经济文化交流非常有限，社会对翻译人才的需求并不强烈。随着改革开放和我国恢复在联合国安理会的合法席位，中国对外交流开始恢复，翻译人才培养开始引起政府机构和教育主管部门的重视，翻译教材建设开始起步。20世纪的最后十年是我国高等教育快速发展的时期，也是翻译教材建设的加速期，这一时期翻译教材的出版数量和质量都取得长足进步，教材的更新速度加快，教材设计的广度进一步拓宽。

进入21世纪，我国翻译实践活动更加频繁，翻译教育的普及程度明显提高，同声传译等高级翻译形式为大众所熟知。在理论研究上，西方翻译理论最新的研究成果和前沿动态以更快的速度出现在国内翻译教学的课堂上。2006年教育部批准设置翻译本科专业，2007年国务院学位办批准设立翻译硕士专业学位，为翻译学科的建设和发展提供了新的契机。作为教学信息的主要载体，翻译教材也与时俱进，各大出版社和相关高校纷纷研讨、开发翻译本科专业和翻译硕士专业系列教材，使翻译教材建设进入了专业化时期。由此可见，翻译教材在不同时期有不同的特点和侧重点，这些特点和变化也是适应时代发展和市场需要而出现。

中国翻译教材的发展历经约60年，与中国社会的发展密切相关，反映了教材作为社会的产物受到国家政策、经济基础和社会发展的制约，同时又映射了中国翻译教学的发展轨迹，记录了中国翻译研究不断发展的学术成果(陶友兰 2011：64)。

(二)商业翻译教材建设史概述

如前所述，由于内外部环境的影响，我国于改革开放后才开始真正意义上的商业翻译教育。在发展初期，国内的商业翻译教育严重依赖普通翻译教育，甚至是文学翻译教育。进入21世纪后，随着中国加入世界贸易组织，国内的商业翻译教育才真正进入发展的快车道。从2003年开始，国内开始系统出版商务翻译教材，2006年开始有商务翻译类教材入选国家级规划教材。随着北京奥运会、上海世博会等国际重要活动的成功举办，中国加速融入世界经济一体化的进程。随着中国经济实力的快速提升和国家"一带一路"战略的推进，中国经济外向化程度越来越高，进出口贸易已经成为商业翻译服务的主要领域，也成为商业翻译教材关注的重点领域。

从目前来看，商业翻译教材主要服务对象是商务翻译从业人员、商务英语专业学生、英语专业学生、翻译专业学生和翻译爱好者。与一般翻译教材相比，商业翻译教材具有更新速度快、领域分类细、文本难度大、理论占比低、读者受众范围小等特点。这主要与商业翻译教材紧跟商业翻译实践，呼应商业翻译行业动态密切相关。此外，互联网技术和社交媒体的发展也在助推商业翻译教材的不断更新。目前国内针对商业翻译教材的研究也有了一定的成果，这主要集中在四个方面：第一，论证分析具体的商业翻译教材对语言教学和翻译技能教学目标的达成度，并提出教材改进的方法与手段；第二，从教材服务目标入手，考察研究教材与行业需求和市场发展的匹配程度，并就教材内容编排和训练手段提出建议和完善措施；第三，从课堂教学实际入手，通过一线教学对特定商业翻译教材中的具体内容提出更新建议；第四，更多的研究开始针对特定商业翻译教材的微观内容，例如具体的译例处理，这种批评性分析对教材的完善和建设是一种激励。

二、商业翻译教材分类与编写体例

（一）商业翻译教材分类

随着商业翻译教育的快速发展，现今教育内容已经细化到商业翻译的大部分领域，并出现专题教学及研究。商业翻译教材从翻译形式上分为口译教材和笔译教材，从主题上来看，商业翻译教材大致覆盖的方面：第一，科技主题。科技翻译教育出现时间较久，在明末清初就已成形，对相关科技翻译人员培养产生了积极的推动作用。此类主题教育在当今国内翻译教材建设高潮阶段也有出色的表现，教材内容体系和编撰思想均比较成熟，教材编写人员以高校科技英语教学师资和科研院所科技工作者为主，因此该部分教材总体质量较高，但由于其专业性，受众较为有限，主要是为集中解决某一特定领域的技术翻译问题。第二，经贸主题。与科技主题相比，此类主题教育起步略晚，但得益于我国经济建设和对外开放的发展，经贸主题翻译资料非常丰富，教学研究成果显著。此部分编写人员以高校外语专业教师、经贸专业教师和商贸行业从业人员为主。由于经贸领域广泛，目前市场上主流的经贸主题的翻译教材在内容设计上也各具特色，侧重点不同，体现了背后编写团队的专业性。第三，法律主题。与前两类相比，法律翻译起步较晚，伴随我国社会主义法制体系的健全完善而发展。法律翻译不同于科技翻译和经贸翻译，其表述严谨，涉及法理较为复杂，学科知识要求较为系统全面。此部分编写人员多为专业政法学院教师或高校法律英语专业教师。法律主题的翻译教材受众也比较有限，以法律专业学生、英语专业中法律英语方向学生和涉外法律从业人员为主。第四，财经主题。财经翻译与经贸翻译既有联系又有不同。两者有共同的起源和发展历史。准确地说，财经翻译是随着经贸翻译充分发展后分化出的一个分支。与经贸翻译不同，财经翻译更关注宏观层面的财政金融体制、贸易规则等。财经主题的翻译教材编写人员多为财经类高校教学人员、大型企业财经高级主管、金融机构和财经主管部门从业人员，其使用者也多为财经类专业学生、涉外金融机构从业人员和跨国企业从业人员。第五，旅游主题。自20世纪90年代起，旅游英语开始作为英语专业独立的教学方向在全国招生，本科层次和专科层次的旅游英语教材也应运而生。在旅游英语教学的发展和商业翻译教育的推动下，旅游主题的翻译教材虽然数量较少，但体系较为全面。由于旅游翻译实践性和应用性较强，目前市面上出现的此类教材以讨论翻译技巧、具体景点翻译、公示语翻译、传统文化翻译和餐饮翻译为主，并探讨旅游翻译从业者职业道德和职场技巧。相比其他主题的翻译教材，旅游主题类的翻译教材数量较少，但以实用为目的的双语对照旅游口语书在市场上大量存在，此外还有大量的英语导游类教材，这两类教材从本质上而言也是旅游主题类的翻译教材的一部分，对旅游翻译实践起到了一定的指导作用。第六，外事主题。外事翻译目前仍然是英语专业中较小的一个方向，全国仅有外语类专业院校和少数综合性大学外交学等专业方向会开设外事翻译课程。目前国内使用的教材以《实用外事英语翻译》《外事翻译理论与实践》《外事翻译》等为主，这些教材出版已近10年甚至20年，知识内容较为陈旧。根据笔者调查，目前外事翻译教学中以外事工作为就业导向的专业外语院校和发达城市外事侨务管理机构内部员工培训会以时事外交案例分析为外事翻译教学的重要教材补充。此外,商业翻译教材中经常会有涉及大型国有企业、跨国集团、政府部门甚至国际组织的口笔译资料。外事主题翻译已成为商业翻译教材内容的一部分。第七,会展主题。会展英语在我国起步于世纪之交,在2008年以后发展迅速。《会展英语翻译》算是国内较早的会展主题的翻译教材,此后《会展翻译研究与实践》《商务会展英汉互译实训》等教材陆续出版,对于会展翻译人才培养起到了积极的推动作用。目前国内会展主题的翻译教材已达30余种,覆盖本专科不同类型和水平的学校,教材内容大多来自会展实践,覆盖会展工作全程,具有较强的实用性和针对性。以《会展英语现场口译》为例,该教材为国内第一本以国际博览会为专题的口译教材,编写理念新颖,特色鲜明,收录大量带有新加坡、泰国、缅甸、老挝等国口音的会展现场英语录音,对提升学习者会展交际和翻译能力有极大的帮助。第八,跨境电商主题。随着互联网技术的飞速发展,跨境电商正成为传统线下外贸活动的重要补充,基于各跨境电商平台形成的商务语言服务部分就是翻译活动。此种类型的翻译不同于传统的文案类笔译和经贸活动口译,跨境电商翻译与现代信息技术和互联网科技紧密相连,其翻译策略的选择和需要考虑线上虚拟沟通和电商平台技术特点。目前,笔者通过调查,尚未发现有跨境电商主题的翻译教材出版,甚至连跨境电商类教程都比较少见。在翻译实践中,目前训练的方式以内部工作坊和行业语言服务技术讲座为主,有大量跨境电商企业急需训练员工跨境电商语言服务能力,这一方面的语言服务市场供给远低于市场行业需求。

(二)商业翻译教材的编写体例

经过系统调查和比对已出版的商业翻译教材,笔者发现目前教材大致可以分为几种编写体例:第一种是各章节完全独立,自成一体,例如《商务资讯翻译》《新编商务英语翻译教程》《商务英语翻译教程》。这种编排体例下的教材每个章节围绕一个主题,通过同主题商务文本阅读分析,重点讲解特定主题商务文本的语言特点,扩充词汇储备,强化句型和语篇训练,为学生提供大量地道、鲜活的商务英语表达，使其商务专业阅读能力和专业翻译能力在较短的时期内有一个飞跃式提升。此类教材的特点是很少有翻译理论的讲解，重视翻译技巧的训练，在强化学生翻译能力的同时，非常注重学生背景知识的积累和阅读能力的训练。客观地说，此种商业翻译教材占比较小，对学生商业翻译理论知识的教授和基础语言表达能力的训练关注较少。笔者认为这是由教材的编写目的所决定的。《新编商务英语翻译教程》《商务英语翻译教程》是全国商务翻译资格考试对应的培训教材，其目标读者已经具备一定的翻译水平，对商业翻译广度和深度有进一步的需求。《商务资讯翻译》"旨在通过对商务资讯文本及参考译文本的呈现，让翻译专业本科生和翻译专业硕士经过自己的翻译实践，再对照原文本和参考译文本进行分析，从中领会在商务资讯方面英汉两种语言表达之间的异同，同时还要求学习者要有逆向思维，如在从事英汉翻译时，要思考逆向的汉英翻译该如何进行"（李明，2020：4）。第二种商业翻译教材编排体例是将商业知识、翻译技巧和商业翻译中非语言类工作技巧分割开来论述，例如《商业翻译导论》和《大学商务英语翻译教程》。这类商业翻译教材强调教材的实用性和可操作性，较为详细地介绍商业翻译行业所处的时代背景，对于系统掌握商业翻译行业概况、了解商业翻译工作流程有积极的帮助。结合两本代表性教材的出版时间，我们不难发现此类教材多出版于21世纪早期，恰逢中国刚刚加入世界贸易组织，中国的对外经济贸易处于起步期，国人对世界贸易规则和国际化商贸活动并不熟悉，市场对商业翻译人才的需求出现井喷式的增长，但这一时期我国商业翻译人才培养还尚不完善。这一时期的商业翻译教材就需要帮助学习者学习商务知识、了解商务流程和熟练翻译技巧。第三种商业翻译教材占比最大，其编排体例大致为先讲授商务英语翻译的语言特点、翻译标准和翻译过程，然后从词汇、句式、段落、篇章等不同的层面逐一讲解翻译技巧，再通过不同的商务文体具体讲解翻译策略，所选材料涵盖了商务领域中绝大部分文体，例如信函、合同、外贸单证、信用证、企业外宣材料、名片、广告等，其使用的语料突出即时性、针对性和实践操作性。代表性教材有《实用商务英语翻译教程》和《商务英语翻译》。这种类型的教材基于商务翻译基本理论，以提高商务翻译实战能力为目标，服务对象多为普通高校英语专业、商务英语专业和独立院校英语专业学生。教材将商务翻译的理论与实践、技巧与策略、翻译实务等进行有机的融合，对于刚刚接触商务英语翻译的学生来说具有较强的指导意义和练习价值。

三、商业翻译教材的理论基础

根据《逻辑学大辞典》定义，理论指人们在实践中借助一系列概念、判断、推理而总结的关于事物的本质及其规律的知识体系，是系统化了的理性认识（彭漪涟，2004：646）。教材作为人类认识世界、改造世界的经验总结，是人类思想和智慧传播的重要工具。因此，一本教材必然依赖理论和传播理论，其编写过程也必然需要理论的指导。作为专门用途语言的应用性辅导图书，商业翻译教材的编写和发展是各种理论共同指导的过程。总的来说，商业翻译教材的编写应在语言学理论、翻译学理论、教学法理论、经济学理论等不同学科理论的综合指导下进行。这里，本书仅就商业翻译教材不同的理论基础，分别介绍其代表性理论。

（一）商业翻译教材的语言学理论基础

一直以来，翻译研究与现代语言学密不可分，历史上有影响力的翻译定义大多将翻译描述为语言转换的过程。古今中外的翻译学界专家和学者也都把语言学理论作为翻译分析研究的理论基础。从这一点上来看，商业翻译教材与普通翻译教材颇为类似。目前国内的翻译教材林林总总，大都体现了传统语法、结构语言学、功能语法、符号学、语义学、语篇分析等理论的精髓。从目前来看，对翻译教材编写影响较大的语言学理论有对比语言学理论、语篇语言学理论和符号学理论。

1. 对比语言学理论

对比语言学理论是20世纪初在欧美等国家兴起的语言学分支理论。经过近一个世纪的发展，对比语言学研究已经从传统的语音、词汇和语法3个层面扩展到语篇、语义、语用、修辞、文化等多个层面。翻译家方梦之（1993：9）曾经提到"对比语言学特别注意研究有关语言的当代形式，寻求语言间的转换关系、对比关系，发现并解决其间的干扰现象。系统的对比研究对语言教学、翻译以及本国语的探讨都有积极作用"。20世纪80年代以前，国内外相关翻译研究基本上处于词、句等语法层面的对比，例如张培基主编的《英汉翻译教程》（张美芳，2001：71）。随着对比语言学研究从微观转向宏观，由结构到思维，翻译教材的编写也体现了从表层到深层的双语对比研究，旨在帮助学生掌握双语转换规律，培养翻译意识，训练翻译策略，增强语言转换能力。

2. 语篇语言学理论

语篇语言学理论成形于20世纪60年代，其主张语篇是一种交际活动，需具备衔接、连贯、意图性、可接受性、信息性、情境性、互文性等特征（Beaugrande and Dressler, 1981：3）。近年来，随着语篇翻译学的发展，其学科理论也被陆续引入到翻译教材中。例如，哈蒂姆和梅森的语篇分析理论从语场、语旨、语式、互文性、意图性、语篇类型、语篇结构等多个方面分析各种类型的文本，为译者的语篇分析提供了完整、清晰的思路。翻译教材中的语篇分析理论能够有效帮助翻译学习者强化语篇意识，形成借助上下文语境理解原文本句法特征和语义类型的习惯，并以语篇为单位思考语言的转换、评价译文本的优劣。语篇语言学指导翻译教材编写的代表教材有李运兴教授编著的《英汉语篇翻译》、居祖纯教授编著的《高级汉英语篇翻译》、陈宏薇教授主编的《汉英翻译基础》和潘红教授主编的《商务英语英汉翻译教程》。

3. 符号学理论

符号学是研究符号系统的科学，该学说于上个世纪初由瑞士语言学家索绪尔和美国实用主义哲学代表人物皮尔斯提出。该学说认为语言符号具有多功能性，可以承载语义信息、文化信息、文体信息、情态信息、意图信息、价值判断信息、审美信息等多个内容。在该学派的指引下，布拉格学派的创始人之一雅各布森（1959：233）在翻译理论研究中引入符号学，提出了翻译活动的三分法，即语内翻译、语际翻译和语符翻译，该定义一度被认为是翻译研究的起点。国内将符号语言学理论系统应用于翻译教学的代表教材有柯平教授的《英汉汉英翻译教程》，该教材着重介绍翻译的语义学，从指称意义、言内意义和语用意义三方面来理解原文本，提出符号学翻译原则，即在译语句法、惯用法规范和具体接收者能够接受的限度之内,采取适当的变通和补偿手段,以保证特定上下文中最重要的意义有限传译为前提,尽可能传递原语信息的多重意义,以争取原文本和译文本最大程度的等值(柯平,2001:43)。

随后,符号学也广泛应用于口译教材的编写,例如对会议口译相关知识进行可视化处理,以图式结构帮助学生提高原语听辨和目的语表达能力,运用符号学图式原理设计相关练习,激活译者认知图式,减少其心理负荷(张美芳:2001,81)。

(二)商业翻译教材的翻译学理论基础

翻译教材编写的指导理论首推翻译理论,如前所述,在翻译研究及翻译教学早期,语言学发挥着不可替代的作用。随着翻译研究的丰富和翻译学独立学科的发展,翻译理论对翻译教材的指导作用得到强化与巩固。经过几个世纪的发展,人类翻译研究经历了语言学派、文艺学派、哲学学派、功能学派、多元系统及规范学派、文化学派等不同的流派,这些学派对翻译教育的影响也功不可没。其影响在教材上主要表现为翻译理论的专题讲解和译例分析中翻译思想的体现。与传统翻译教材相比,商业翻译教材更加务实,注重问题和任务导向,因此商业翻译教材对翻译理论的专题论述较为少见,但是在翻译实务例证分析中,商业翻译教材重视从理论的视角论证语言转换技巧,强调理论的实用性、针对性和技巧的可复制性。

1. 对等理论

20世纪60年代尤金·奈达(1969:12)提出了翻译研究的等值论。他认为"所谓翻译,是在译语中用最贴切而又最自然的对等语,再现原语的信息,首先是意义,其次是文体"。奈达认为对等的形式有两种:动态对等和形式对等。后期奈达将动态对等换成了语用和语境的功能对等,并将功能对等分为九类,即表情功能、认知功能、人际功能、信息功能、祈使功能、仪式功能、情感功能、审美功能和元语言功能。该理论上世纪末在中国十分流行,尤其在商业翻译等应用型文本翻译研究中被广泛应用,究其原因是应用型文本更容易在汉英两种语言求得意义、文体风格、语用和语境的高度对等,对翻译策略的例证和教授起到了积极的帮助。

2. 文本类型理论

德国翻译学家赖斯首先提出文本类型理论翻译的核心概念应为文本类型,即文本功能,等值不应该只停留在字、词和句的微观层面上,而应涉及语篇层面(刘军平,2009:372)。赖斯(2000:22-23)在其著作《翻译批评:前景与局限》中提出翻译文本类型学理论,将文本功能被分为三大类:信息功能、表情功能和操作功能。之后,英国翻译理论家彼得·纽马克在借鉴赖斯等人的文本功能分类理论基础上,修正性地提出文本的六大功能分类,即表情功能、信息功能、呼唤功能、审美功能、寒暄功能和元语言功能,并试图通过原语和译入语系统的比较与描述,建立文本类型的样板以指导翻译实践(刘军平,2009:155)。文本类型理论对翻译研究的启示是译者在翻译时首先要确定文本的类型,对原文本进行研读,准确把握原文本的文体特征,并对原文风格进行分类,然后选择合适的翻译策略。文本类型理论被广泛应用于翻译实践教学,特别是应用型文本翻译评价,不少商业翻译教材对该理论进行专题讲述,以凸显其重要的指导作用。

3. 功能翻译理论

德国功能翻译理论出现于20世纪60~70年代,德国功能翻译理论派主要包括Katharina Reiss的功能主义翻译批评理论、Hans Vermeer的目的论及其延伸理论、Justa Holz Manttari的翻译行为理论和Christian Nord的忠诚原则理论。该理论源于行为理论,认为翻译是一种处于既定场合发生的目的性行为。翻译文本因某种目的而产生并服务于该目的,译入语受众是翻译目的的主要决定因素。功能翻译学派对翻译教材最大的影响莫过于对语境因素的强调和对译入语受众的重视。受其影响,翻译教材在译例分析和翻译作品译评中会分析社会与文化因素,并尝试从读者的角度审视译文本的得与失。功能翻译理论的目的论和翻译行为理论与商业活动中的消费者目的和行为分析在某种程度上具有一定的一致性,这也就决定了该理论备受商业翻译教材编写者的青睐。在商业翻译教材和商业翻译教研论文中,功能翻译理论被频繁用来论证翻译策略,阐述翻译观点。

4. 翻译的文化学派

20世纪80年代起,以苏珊·巴斯内特为代表的翻译研究者在多元系统理论和操控派理论的基础上提出了翻译的文化学派,开启了翻译研究的文化转向。该学派突破了传统翻译研究文本语言对比的樊篱,强调翻译与文化的互动以及在语境、历史和社会规约等层面上文化对于翻译的冲击与制约(刘军平,2009:427)。在文化学派的指引下,翻译研究开始重视文本以外的影响因素,例如赞助者、意识形态、权力话语和翻译受众,这无疑有益于翻译研究视角的拓展、翻译策略的多元化调整和翻译评论的客观发展。文化学派不断拓展翻译研究的外围化视角,阶级、种族、性别差异、文化霸权、文化冲突与抵抗、文化身份、权力话语等话题成为文化学派研究的焦点,文化学派翻译思想本身也不断与后结构主义和后现代主义思想相融合。因文化学派理论契合文化全球化和经济全球化的时代趋势,该学派思想在翻译理论界迅速流行,并推动了翻译研究的文化转向。自上世纪90年代,翻译文本化学派逐渐进入我国翻译研究者的视野,并且迅速成为翻译理论教育的重要组成部分。文化学派指导下的代表性翻译教材有2009年陈宏薇教授主编的《高级汉英翻译》、2011年杨士焯编著的《英汉翻译教程》等。与传统翻译教材相比,商业翻译教材更加强调跨文化交际,并重视在经贸活动中文化的承载和助推作用。随着我国"一带一路"战略的稳步推进,以商兴文、抵抗文化霸权、推动中华文化传播、提升国家软实力的呼声不绝于耳。在这一时代背景下,商业翻译教材的编写也必然更充分地体现了文化学派的影响。其中,较为典型的商业翻译教材有《实用商务英语翻译教程》《商务英语英汉翻译教程》等。

(三)商业翻译教材的教育学理论基础

教材建设是教育学研究的重点内容,教材的设计、开发、编写和评价都需要接受教育学理论的指导和检验。翻译教材也不例外。翻译归根结底是一种信息的转换交流过程。翻译教材要体现人类获取信息的认知规律和人类传递、交流信息的教学规律。在实际教学当中,图式理论和建构主义理论是翻译教学中经常运用的两个指导性理论,这两个理论已经充分体现在教学环节设计、教学活动组织和教学训练实施的各个过程。

1. 图式理论

图式理论是认知心理学的一个重要概念,指人们对外在世界的认识是以"先验知识"即背景知识储存在大脑中的(张美芳,2001:92)。现代认知心理学认为语言理解是一个从已知信息到未知信息的过程,已知信息即大脑中已有的"图式"。语篇的意义就在于给读者或听众引导,帮助其根据自己大脑中的图式信息来获取或建构该语篇的意义(Carrell and Eisterhold,1983:553-573)。张梅岗(2002:29)认为翻译应该包括三个文本:原文本、译文本和图式文本。图式文本就是从认知功能视角对原文加以分析理解,用图式描绘出来。

图式理论多用于指导翻译教材中的练习编写。翻译练习多从结构图式、内容图式和文化图式上进行安排与设计,遵循交际规律和认知规律,帮助学习者认知新的语言文化信息,提高外语应用能力,并加强对母语的理解与认识(张美芳,2001:93)。

2. 建构主义理论

作为教育学认知理论的重要分支,建构主义理论认为客观的知识是不存在的,知识的学习是个体积极进行意义建构的过程,与学习者原有的知识经验、学习情境等因素有关。学生要成为自身学习的建构者,就需主动搜集、分析相关信息,并和已知信息比对。学生的建构过程是社会性的,这一过程中的师生互动和个体间的交流非常重要。基于这一理论,许多极具影响力的教学模式由此产生,例如抛锚式教学模式、合作学习模式、交互式教学模式等。这些教学模式已被广泛应用于翻译教学和翻译教材的教学活动设计中,小组讨论、翻译工作坊讨论等教学环节设计就充分体现了建构主义的交互性和合作性教学理念。由于商业翻译活动经常以项目形式运行,项目组成员会在翻译实践中有明确的分工和责任,以商业翻译为主要教学内容的商业翻译教材在任务设计和内容编写上更加充分地体现了建构主义教学理论。

(四)商业翻译教材的市场营销学理论基础

商业翻译教材是为商业活动服务的,而商业活动的目的是推销商品或服务,作为语言服务工具,商业翻译具有很强的营销性。同时,商业翻译教材还要以教授学习者商业道德、职业操守和行业规范为重要任务。从这个意义上讲,商业翻译教材要以市场营销理论为指导。诚然,市场营销理论是一个完善的体系,商业翻译译者应该对市场营销有一定的认识和了解。此处,笔者尝试从社会大众的视角来探讨商业翻译教材应体现的市场营销理论。按照商业翻译的自然过程,商业翻译教材体现的市场营销理论可以分为生产者因素、消费者因素、传播者因素、产品或服务因素以及市场因素。

1. 生产者因素

从生产者角度来说,商业翻译教材需要体现企业的社会责任,企业的社会责任指个人或企业的行动可能会如何影响他人利益的关注(麦克尔·利文斯,2016:53)。企业的社会责任并不仅仅存在于教科书和学术界的概念中,这一概念已经深入人心,并成为企业社会影响力的重要指标。在企业的对外宣传文案中,社会责任也常被提及。在商业翻译中,译者也要关注社会责任意识,并通过一定的语言策略凸显企业的社会责任,以便更加完整清晰地传达原文本信息。与之类似的是商业伦理道德,作为教科书,商业翻译教材应在训练翻译技巧的同时,教育未来的译者遵守商业伦理道德。目前,相当一部分教材已在翻译案例讲解中渗透了企业社会责任和商业伦理概念,甚至还有教材列出大企业社会责任和商业道德案例,以专题阅读的形式重点介绍。除了企业社会责任和商业道德伦理,客户关系维护也是商业翻译教材需要向读者重点介绍的理念。

2. 消费者因素

消费者因素是商业翻译教材编写者要考虑的主要内容,因为作为一种语言服务工具,商业翻译最终还是服务消费者。因此,商业翻译教材除了注重语言技能和商业知识,还要引导读者从消费者的角度思考问题、解决问题。例如,消费者行为是消费者在内在和外在因素的影响下挑选、购买、使用和处置产品和服务以满足自身需要的过程(吴健安,201:98)。在商业翻译中,营销类文本也是一个常见的文本类型。商业翻译译者需要了解消费者的购买决策过程，熟悉影响消费者行为的个体因素和环境因素。在商务口译或营销文案翻译中，译者如能充分利用这些调节因素，在完成语言转换的同时，预测和引导消费者行为，就能够在翻译行为中发挥增益性作用。商业翻译教材也要培养读者的顾客价值意识，教会未来的商业译者在自己的能力范围内通过语言服务去维护客户价值和更大的客户价值。

3. 传播者因素

这里的传播者因素主要指商业活动中的营销传播、促销传播、品牌传播等。与营销学其他理论不同，传播理论对译者更多的影响不在于语言信息的转换，而在于信息传播的方式。在真实的商业翻译活动中，很多译者身兼多责，既要负责信息的加工，也要负责信息的传播。如果这两项任务相互脱节，译者的翻译活动就不可能圆满成功。以现在比较流行的短视频营销为例，如果译者对这一传播手段不了解，而按照传统文本翻译，不考虑句式精炼、语言新潮等特点，其译文本会使传播效果大打折扣。再如，消费者影响力策略也是市场营销中的一个重要理论。它指通过营销吸引消费者，并对他们就某个品牌产品或服务的想法、感受和行为施加影响。在商业翻译中，语言营销的任务就落在译者的身上。译者要认真分析消费者，研究受众想法，并就某个营销选择适当的沟通工具，适时做出调整。商业翻译教材如能向读者传播这一理念，将会大大提升中小企业译者的翻译能力和职场竞争力。

4. 产品或服务因素

商业翻译在很多情况下围绕商品或服务而展开。译者不仅要了解语言、文化、原语使用者、译入语使用者等，对翻译活动所涉及的商品或服务也要有较为深入的认识。商业翻译教材编写可以穿插产品或服务相关理论的论述，例如产品分类、产品开发、产品生命周期等概念，帮助译者更好地理解商业翻译活动。在进出口贸易中，如果译者能够重视产品文化或品牌文化建设，在自己的译文本中凸显这一内容，帮助受众更好地了解商品或服务，就有可能带来贸易量的增长。再如，在商务谈判中，如果译者熟悉定价策略，就有可能在商务沟通中更好地帮助雇主争取更大的利益，从而更加出色地完成个人的翻译任务。

5. 市场因素

与一般的翻译活动不同，商业翻译活动的发生场所具有较大的研究价值。无论口译还是笔译，其语言表述都应紧密结合商业活动所处的目标市场。例如，商品宣传广告语的拟定要结合该商品的目标市场定位，因此其翻译文本也要充分考虑市场信息。否则，译文本可能会与原文本的市场细分不一致，造成营销效果不佳。由此可见，商业翻译教材应融入市场细分、目标市场选择、市场定位等理论，努力培养译者的市场意识，让其语言服务尊重市场规律、顺应市场需求，确保客户语言需求的满足和利益的实现。

综上所述，商业翻译涉及人类生活的方方面面，商业翻译教育也不可避免地涉及人类知识理论体系的诸多领域。除了上述较为突出的语言学理论、翻译学理论、教育学理论和经济学理论，商业翻译教材的编写也应主动借鉴心理学、社会学、法学、艺术学等相关学科理论知识，并灵活运用上述理论从多个角度阐述翻译过程和翻译技巧，否则商业翻译教材就只能停留在翻译练习册的水平，难以适应时代和社会发展的需求。

四、商业翻译教材建设面临的问题

（一）商业翻译教材服务对象

对商业翻译教材进行评价，首先要弄清楚商业翻译教材的服务对象，这体现了商业活动中用户体验至上原则。一般来说，商业翻译教材服务对象包括高等院校、翻译公司、商业翻译从业者、商业企业等。根据服务对象的不同，商业翻译教材具有不同的特点和重心，甚至在同一类服务对象中，商业翻译教材也需要根据服务对象需求的不同而有不同的变化。

1. 高等院校

高等院校是商业翻译教材的主要使用者，其教材使用目的是以教材为手段和工具对在校学生进行系统、科学的商业翻译教育，以达到课程教学大纲要求，实现既定的人才培养目标，进而实现高校的育人功能和社会服务功能。目前就我国高等教育现状而言，高校可以根据人才培养目标和办学定位分为三类：第一类是具有全国乃至国际影响力的高水平大学；第二类是地方应用型本科院校，这一类学校为数众多，占比巨大；第三类是高职高专院校，以培养地方应用型高级技能人才为主。上述三类高等院校对商业翻译教材的需求有明显的不同。全国高水平大学主要通过商业翻译教材学习和课程教授培养通晓国际规则、具有广阔国际视野的高水平人才。满足此类需求的商业翻译教材应凸显教材的商务性和国际性，可利用教材中的商务文本帮助学生掌握国际贸易规则，了解经济学基本原理，更好地补充和支撑学生其他商务类课程的学习。在语言技能方面，学生能够通过商业翻译教材的学习，熟练掌握高级口笔译技能，胜任正式场合的文书翻译和商务会议口译。地方应用型本科院校主要培养服务地方经济建设的专门应用型人才，其商务类毕业生就业去向主要是为数众多的中小型企业。满足这类院校需求的商业翻译教材要重视学生基础语言的训练和通识商务知识的掌握，帮助学生系统掌握翻译基本理论，具备独立完成中小企业对外商务翻译活动的能力。高职高专院校主要培养高级技能人才，使学生熟练掌握商业翻译和语言服务软件知识，具备相关平台操作能力。满足此类高校教学要求的商业翻译教材要以实用性为主要特点，教学内容以任务型和情境型为主，帮助学生掌握商业翻译基本能力，满足中小企业对外语人才的基本需求。

2. 翻译公司

翻译公司是商业翻译教材的常见使用者，主要用于对翻译实践的指导和对员工的培训两个方面。由于翻译公司是以营利为目的的中介语言服务机构，其翻译业务主要靠自有翻译人员和外聘翻译人员完成，一般来说，翻译公司的业务范围与公司实力和规模没有太多必然的联系，而与其业务关系密不可分。因此，与高校不同，翻译公司的大小与其对商业翻译教材的需求关联性不强。根据翻译公司的教材使用目的，其对商业翻译教材的需求主要有两个方面：第一，需要专门的主题类翻译策略和技巧的讲解，例如特定主题的笔译格式、特定语境下口译的信息处理和笔记技巧、口译中的多口音听辨等。第二，需要通识类商业翻译概述。翻译公司培训新入职员工时需要使用商业翻译教材在短时间内帮助受训者全面了解商业翻译领域，熟悉业务流程和工作特点，尽快完成职业角色转变。这两个方面的需求实际上指向了两种不同的教材，一个重在精深，一个要求全面。教材的编写人员也主要是翻译公司具有丰富翻译经验的翻译人员和对商业翻译有深入研究且具有一定翻译实践的高校专业教师。在很多情况下，面对这两种教材需求，翻译公司需要利用高校智力资源满足其教材需求，这也是校企合作的意义和重点所在。

3. 商业翻译从业者

商业翻译教材的另一个服务群体就是商业翻译从业人员。这部分人群与在校学生不同，他们的学习欲望强烈，选择教材具有很强的目的性。总的来说，从业者对商业翻译教材一般有三种需求：第一，初入行者通过系统学习尽快了解商业翻译领域，做好职场准备；第二，从业者希望深入地了解商业翻译，以便开展翻译业务；第三，从业人员通过商业翻译教材学习备考，力求通过翻译资格证书考试等翻译水平测试。在这三种需求中，前两种需求与翻译公司的教材需求较为类似，而第三种需求具有一定的特殊性。商业翻译教材要满足这一需求就要对标相关的翻译资格考试，确保教材从文体、难度和技能训练要求等方面与相关资格证书考试保持一致，否则读者的备考训练就没有针对性。更重要的是，与其他类型的商业翻译教材服务对象不同，从业者对教材的使用以自学为主。这就要求商业翻译教材必须是读者友好型的，即从内容编排和活动设计上要符合使用者循序渐进式的知识与技能习得规律。其中一个重要的原则就是教材中的案例要真实。以口译教材为例，商务会谈或贸易谈判文本应为真实场景，音频应来自现场而非后期录制，参考译文本应以译者现场版本为主，而不应以笔译文本替代。

4. 商业企业

商业翻译教材还有一个服务对象是各类商业企业，虽然后者在教材使用对象群体占比不及前三种类型的用户，但商业翻译教材开发者不能忽视其需求。商业企业按照规模可以分为中小型企业和大型企业。这两类企业的教材需求与翻译公司类似，但其功利性不如翻译公司那么强。在很多情况下，企业使用教材除了满足其业务需要和提升员工技能素养，还包括在对员工的教育培训中提升企业文化和核心竞争力。从这个意义上说，面向企业的商业翻译教材要个性鲜明，突出内涵。这也是市场上专门服务于企业的商业翻译教材较少的原因。这里，笔者建议高校可以和企业充分对接，形成课程教学团队，开发服务企业的校本教材，这种校企合作可以充分考虑高校的办学实际和企业的需求特点，依托企业和高校资源，确保高校人才培养的针对性和服务企业发展的实用性。

综上所述，商业翻译教材有不同的服务对象，需要满足不同的需求，商业翻译教材的建设需要充分考虑服务对象及其需求。教材的编写人员要依据教材的定位和编写目的来选择合适的教学内容，设计适当的教学环节，确定有效的训练方式。相关行业和企业也可以积极与高校进行沟通，充分利用高校教学资源和学术成果开发适用性强、难度适中、训练效果明显的个性化教材。

（二）商业翻译教材面临的问题

虽然商业翻译教材已经经历了几十年的系统发展，但与翻译教材相比，总数偏少，质量偏低，影响力有限。得到高校和商业翻译行业广泛认可的商业翻译教材并不多，除了有商业翻译领域过广、商业翻译语言和技术更新速度过快等原因，也确实存在一些自身问题。综观市面上常见的商业翻译教材，结合学术界关于商业翻译教材的现有教学研究成果，笔者在这里分析几种具有代表性的问题。

1. 理论与实践脱节

长期以来，理论与实践之争在翻译教学中一直是一个热点话题。与早年相比，人们已经清楚认识到翻译理论对翻译实践具有积极的指导意义，翻译教材应该介绍翻译理论，但理论与实践相脱节是翻译教材存在的普遍问题。翻译教材中的理论与实践的关系主要体现在三个方面：第一，什么样的翻译理论需要编入教材；第二，理论和实践孰轻孰重；第三，如何让理论和实践有机结合。少数商业翻译教材在内容编排上不加选择地介绍中西方翻译理论，忽视了教材本身的功能和作用，有些教材虽然介绍与商业翻译密切相关的翻译理论，但没有将理论应用于实践，没让读者切身感觉理论的指导意义和价值。还有一部分教材虽然将理论与实例相结合，但是实例多为单个句子，缺乏具体分析，很难让读者深入体会理论并掌握技巧。商业翻译教材中理论与实践脱节的问题主要由于编者多为高校教师或商业翻译从业者。前者对翻译理论有较为透彻的理解，但翻译实践不足，后者虽有丰富的翻译经验，但理论功底较弱，很难从理论的角度去描述翻译策略和翻译现象。

2. 教材定位不清

教材定位不清是商业翻译教材比较突出的问题。这里的定位不清主要包括功能定位不准、读者定位不清、市场定位模糊等方面的问题。商业翻译教材要确定其功能与作用，编写团队要决定所编教材是属于基础性的概论教材，还是有一定难度的专门领域教材；是大专院校使用教材，还是翻译行业从业人员使用教材；是训练翻译技巧，还是提供翻译范例。功能定位直接决定了读者定位。一本优秀的商业翻译教材应该有明确的读者定位，要么帮助商业翻译初学者入门，要么指导商业翻译从业人员提升翻译技能，要么帮助应试者通过考试。试图包揽所有类型读者的商业翻译教材很难取得市场成功。还有一部分商业翻译教材市场定位模糊。目前相当一部分商业翻译教材自我市场定位倾向于高端市场，例如商业口译教材必谈同声传译，而对商业翻译市场上更为常见但难度较低的陪同口译或工程口译一笔带过，罔顾市场更大比重的翻译需求。市场定位的混乱也导致部分的商业翻译教材价格设置不合理，市场销路黯淡。

3. 教材编写理念落后

商业翻译教材编写理念落后主要体现在两个方面：第一，教材传递的翻译理念落后；第二，教材体现的教学理念落后。教材中翻译理念落后并不是一个孤立的现象。目前，相当一部分商业翻译教材仍然保留着以句为单位的汉英对照式讲解，沿袭的仍是传统的"忠实对称"翻译思想，而当今商业翻译的很多现象需要从文化的角度来考虑，过分强调原文本和语言的忠实对于依赖文化交流、重视创意和灵感的商业翻译来说无疑束缚手脚，限制发展。此外，不少商业翻译教材教学理念也比较落后。教材内容设计缺乏合理有效的互动，翻译任务前的准备活动不足，教材同一章节下不同文本内容之间缺乏有逻辑意义的过渡。例如，口译对话内容缺乏现实性，口译笔记训练过分依赖笔记，笔记符号复杂且相互矛盾，忽视无笔记训练和信息加工能力训练。这些问题在很大程度上是商业翻译教材特有的问题，究其原因还是商业翻译教材编写者难以兼顾学术性与实践性。

4. 立体化建设不足

随着信息化技术的普及、人工智能技术的广泛应用和线上课程的兴起，教材建设也要告别过去纸质化、平面化的老旧模式，充分利用新技术，遵循新理念，尝试新渠道。教材的立体化建设就是要充分利用现代信息技术、多媒体工具和互联网社交软件，整合线上线下资源，形成从不同角度、不同渠道辅助课堂教学的资源网络体系。具体来说，立体化的商业翻译教材除了配有纸质课本，还可以配有音频视频材料、网络课件、CAI资源、教学素材库、配套语料库、电子教案、网络课堂、试题库、仿真训练软件等不同种类的教学资源。此类立体化教材资源在计算机类教材中比较常见。然而，到目前为止，市面上没有此类立体化程度较高的商业翻译教材。不少教材仍然停留在一本纸质书籍的扁平化状态，甚至有一部分口译教材还缺乏基本的音频和视频资料。

5. 职业导向不强

商业翻译教材的职业导向性主要体现在三个方面：第一，特定领域的商业翻译教材较少，通识性商业教材较多。目前市面上很少有已出版的特定领域翻译教程，国内部分开设特定领域商业翻译课程的高校往往使用相关ESP教程，例如旅游英语教程，也有高校教师根据自己的实践经验自编教材，国内相关行业的翻译人员培训更是使用内部教材。这就造成了特定领域商业翻译教学缺乏科学性、教学经验无法大面积推广、行业翻译水平无法快速提升的现状。第二，教材中职业能力分析、教授和训练部分较少。如前所述，商业翻译能力不仅包括语言能力这一基础能力，还涉及译者的思辨能力、沟通能力、问题分析与解决能力、文化能力、审美能力等。现在的商业翻译教材很少有系统培养学习者商业翻译能力的环节设计。第三，商业翻译教材建设对高等职业教育关注较少。客观地说，目前大多数商业翻译教材以服务本科层次教学为主，而少数标称适用高职高专的商业翻译教材普遍存在难度过大、脱离学生实际的问题。相比本科层次的教育，高等职业教育直接服务社会需求，就业导向性更明确。以我国外贸行业为例，其从业人员大部分为专科及以下学历,甚至不少企业为稳定人力资源优先考虑招聘专科生。然而,目前商业翻译教材建设忽视了高等职业教育商业翻译人才的培养需求。

6. 商业意识不足

目前商业翻译教材的一个显著问题就是商业意识不足。这主要体现在三个方面:第一,商业理论结合度不高。如前所述,商业翻译教材的编写需要体现市场营销学、经济学等商科理论知识,并以提升学生商学理论知识和实际应用能力为目标。为实现这一目标,编者可以通过以讲授背景信息等方式系统介绍与商业翻译文本案例相关的经济学、营销学等专业知识,也可以通过微观译例阐述相关商学理论与翻译策略选择之间的逻辑关系。这两种方式相比较,后者更考验编者的功底和经验。第二,商业翻译素材滞后。商业翻译教材本身也是商品,需要满足市场需求。然而,目前商业翻译教材中翻译素材的选择具有很强的主观性。例如,商业翻译口译教材中很少有工程口译、陪同口译和商业谈判口译素材,而这三种形式在商业口译中最常见,市场需求最大。再如,目前的商业笔译教材很少包含短视频翻译和跨境电商平台营销翻译,这两种翻译与传统的视频翻译或网站翻译又有一定的区别。第三,教材的商业运作不充分。商业翻译主要服务于跨境经贸活动,后者目前已与互联网技术高度结合。因此,商业翻译教材如果要更好地服务商业译事行为主体,就要充分利用线上线下资源渠道,做好商业化运作与服务。此外,编者要与行业、市场和消费者充分互动,以保证商业翻译教材与时俱进、不断完善。

7. 重技能训练,轻思维培养

商业翻译教材还存在重技能训练、轻思维培养的问题。不少商业翻译教材注重翻译技巧的列举,而不重视翻译过程的分析。一些商业翻译教材试图给读者一种穷尽翻译技巧,以速成商业翻译的错觉。一般来说,翻译的过程包括原文本理解、译入语加工、译文本表达和译文本校改四个过程。不少商业翻译教材只看重译文本的产生,而忽视前期过程的分析和研究,前期的过程正是翻译思维形成的路线图。商业翻译教材需要引导读者关注原文本理解,思考译入语在脑中加工形成以及表达的过程。此外,教材编者还可以针对原文本提供多个译文本,供读者分析评鉴，从而积极有效地培养读者的语言思维能力。目前绝大多数商业翻译教材侧重于翻译技能训练，片面强调学习者的识记和理解，忽视了学生语言思维与创新能力的培养。

五、商业翻译教材建设方向

（一）明确教材定位，凸显特色

商业翻译教材要定位准确，特色鲜明。这分为宏观和微观两个层面。从宏观层面来说，我国商业翻译教材要层次分明，满足商业翻译教学从专科到本科、研究生阶段等不同教育层次的需求。翻译教材既要有概述性的通识教材，也要有专门用途商业翻译教材；商业翻译教材既要有能服务高校教学的兼顾学术性和实践性的高水平教材，又要有能够指导商业翻译行业人力资源培训的实用性教材，也要有适合从业人员自主学习的备考备赛类培训教材。微观上，要形成层次分明、功能明确的商业翻译教材体系需要各教材编写人员的不懈努力。首先，教材编写人员要认真进行市场调研，了解市场和行业对商业翻译教育的需求。这里的市场和行业除了包括商业翻译市场，还包括商业翻译教材的用户，即高等院校、培训机构等。因此，教材编写人员需要对商业翻译从业人员、高校专业教师、相关专业学生展开调研，明确他们的需求。此外，教材编写人员还应进行科学客观的自我评价，分析编写团队的优势，充分挖掘自身资源优势，结合市场需求，确定所编教材的服务对象和功能定位，凸显教材特色，提升教材市场竞争力。

（二）全方位教材立体化建设

21世纪的高等教育教材建设以立体化多媒体建设为特征，包括商业翻译教材在内的应用型教材更是如此。尽管目前商业翻译教材立体化建设还处于起步期，但是理想的教材立体化建设应该包括：第一，优质的音频、视频等多媒体资源。这是教材立体化建设的第一步，本着读者友好的原则，商业翻译教材配套的音频资源要尽量做到真实或接近真实，努力重现原有的翻译场景，视频要音质清晰，画质清楚，与教学内容高度相关，对教学内容起到良好的导入、阐释或例证作用。

第二，丰富的自主学习实践教学系统。商业翻译教材应配套建设自主学习实训系统，这样学生可以自主安排课后学习实践，并借助手机、电脑等客户端实现自主移动式学习训练。第三，已有软件平台资源的有力支撑。立体化的商业翻译教材也需要整合现有的软件资源，实现教材教学收益最大化。例如，教材可以利用已有的阅读测试软件、单词记忆软件、机器翻译软件、语音识别软件等资源，对信息接收、理解、分析、加工和输出阶段进行有效的训练，以求教学效果最优化。第四，充分反映课堂教学新趋势。面向 21 世纪的商业翻译教材建设也应呼应新时代课堂革命。商业翻译教材可以将部分散碎的知识点做成微课的形式，鼓励学生利用课后碎片化时间自主学习。同时，对于适合小组协作和集体讨论的教学任务，商业翻译教材可以设计活动，鼓励学生采用翻转课堂的形式进行分享和讨论。此外，教材还可以开发相应的慕课课程，扩大教研成果的对外影响力和教材的社会覆盖面。

（三）服务课程思政，助力专业思政

近年来，课程思政和专业思政是高等教育中较为热门的名词。其实，无论课程思政还是专业思政，虽其概念最近才被提出，但具体实施早已有之。在商业翻译教材中，思政化建设可以帮助培养学习者的爱国情怀、职业操守、合作意识、奉献精神、社会责任、文化意识和翻译伦理意识。教材思政理念的传播应是自然而然的过程，切忌生硬机械。例如，在出口经贸文本翻译中，教材编者可在选取出口营销文本的过程中，鼓励学生在翻译文本的同时，结合商品或服务讲述中国故事，传递中国精神，传播产品文化、品牌文化和企业文化，并探讨在此种目的下翻译策略的选择和翻译文本的比较。在旅游等商务文本的传译中，教材可以凸显中国历史文化的厚重积淀，从词语选择和句式安排上分析语言背后的文化魅力。在经贸谈判等商务口译场合，教材可以传递规则意识、互惠互利、合作共赢等共有理念。在环保、科技等主题的翻译练习中，教材应该传递人类命运共同体、企业社会责任、商业道德、公民责任等伦理价值观。通过教材思政元素的设计，译者在训练其语言技能的同时，也认识到应承担的社会责任、学术责任和道德责任，

成为国际经贸文化交流的出色使者。

（四）优化校企资源，提升教材竞争力

商业翻译教材建设应该依靠紧密的校企合作，面向教材的校企合作也应涉及多方面。若高校教师作为商业翻译教材编者，技术类合作企业可以提供相关软件和数据信息类技术支持，例如评测软件、教学软件、数据库信息等；而翻译类合作企业可以提供实习见习等实践岗位，供学习者训练；商贸类企业可以提供展会、交易平台等资源，帮助编者近距离观察商业翻译活动场景，体验商业翻译流程，也可提供商业翻译具体案例和译例，供教材讲解商业知识，分析翻译策略。各类企业也可以为商业翻译教材编者提供进修培训、双能训练的岗位机会，从师资建设的角度优化教材。若企业人员作为商业翻译教材编者，高校也可以提供切实有力的帮助。高校可以为企业或行业教材编者提供具体的翻译学术理论支持，帮助提升商业翻译教材的学术意义和研究价值。高校可以通过参编等方式，在教材的编排体例、内容设计和教学方法的应用上提供积极有效的指导和帮助，确保商业翻译教材的科学性和有效性。此外，高校庞大的学生市场和教科研氛围为商业翻译教材的编写提供了强大的市场动力和智力支持。因此，无论商业翻译教材编者是来自高校还是来自企业，互动充分、内容丰富的校企合作都会是商业翻译教材提升自身建设水平、增强市场竞争力的不竭动力和重要保证。

（五）强化本地化建设，服务地方经济

截至 2020 年 8 月，全国共有普通高等学校 2 640 所，其中本科层次院校 1 258 所，高职院校 1 482 所，地方应用型本科高校占比超过 80%。地方应用型高校的标志性特征之一是直接服务地方经济建设，培养地方发展急需的应用型人才。同时，国内经济中的企业分布结构也十分类似。数量众多的小微企业构成了塔基。他们贡献了 70% 左右的专利发明权、60% 以上的 GDP 和 50% 以上的税收，提供了全国 80% 以上的就业岗位，尤其是吸纳了全国 90% 以上的新增劳动力（高学功，2019：105-106）。由此看来，大多数商业翻译教材都应定位于满足地方应用型高校人才培养的需要，训练服务地方经济建设的商业翻译人才。因此，商业翻译教材的建设要结合地方经济发展需要和地方特色，凸显教材的本土化设计和区域经济特色。商业翻译教材本土化设计可以通过商业知识介绍本地历史文化、旅游资源或本土产业特色，也可以通过分析本地企业案例，设计关注本地经济或企业的小组活动或项目任务，还可以介绍本地翻译家和翻译活动史，从翻译理论、实践训练、商业知识等多方面为地方应用型翻译人才培养提供支持。

（六）校校合作，以教材推动区域课程联动和学科融合

目前市面上商业翻译教材林林总总，内容丰富，层次不同，但也难免良莠不齐。数量众多的商业翻译教材也出现重复出版等问题，而服务地方经济发展、适合地方应用型高校课程教学的教材却相对匮乏。其中一个很重要的因素在于地方高校单兵作战，无论是作为教材的编者还是作为教材的消费者，其本身教学需求没有得到重视，自身资源没有得到充分利用。因此，在商业翻译教材的编写过程中，地方高校要加强合作，互通有无。这种资源上的联合主要体现：第一，同一地区的地方高校可以实施同城课程共建，优化整合师资、实验室、实践基地、合作企业等资源，充分利用同一地区学科发展的便利条件，推动课程联合、学科融合和师资队伍质量提升，为商业翻译教材的编写提供丰富的资源；第二，同一地区高校在编写教材过程中可以群策群力，更加有效地开发本地资源，挖掘本地素材，节省教材开发成本，提高教材使用效率，充分发挥地方高校服务经济的社会功能；第三，不同地区的同级同类高校可以通过教学委员会、高校联盟或院校交流等方式加强合作，分享在商业翻译教学中的经验，清晰表达商业翻译教学需求，更加高效地找到满足教学需求的解决方案。

第九章 商业翻译市场化运作

从产生至今,商业翻译经历了一段很长时间的发展。同大多数行业一样,商业翻译随着互联网技术的发展和国际经济一体化进程的加快,进入快速发展期。商业翻译的市场化程度也随之不断提升。一方面,商业翻译行业项目化运作水平越来越高,项目管理越来越科学。另一方面,随着大数据和人工智能技术的迅猛发展,机器翻译已经从专业软件和数据库应用扩展到日常生活和经贸往来的轻便化应用。本章主要从商业翻译市场、产业化分析、机器翻译、翻译项目管理等方面对商业翻译市场化运作进行梳理总结。

一、商业翻译市场

(一)翻译市场定义

截至目前,国内翻译学界不少学者已就翻译市场发表了数量不菲的论文,然而以翻译市场为主题的相关专著仍为数不多。翻译市场相关研究尚未形成体系,多数论文或关注翻译市场种种乱象呼吁相关政策措施,或以翻译市场为背景探讨翻译策略选择、人才培养机制完善和翻译素质培养,而对翻译市场定义、特征、相关要素和发展趋势关注较少。在《中国翻译市场发展60年研究》一书中,田传茂教授(2019:70)将翻译市场定义为"以语言信息供求为特征的市场,包括翻译服务和其他语言信息服务如语言技术机器工具研发、语言教育与培训、多语信息处理与咨询、本地化服务等各种形式"。这一定义基本较为清晰地勾勒了翻译市场的大致轮廓。

翻译是翻译市场的主要活动内容，市场是翻译市场的主要存在形式。翻译市场中的翻译是一种存在商品交易关系的活动，而这种具有商品交易关系的翻译从本质上来说基本就是商业翻译。因此，从某种意义上说，翻译市场就是商业翻译市场。

（二）商业翻译市场构成要素

如上所述，目前翻译学界对翻译市场本体研究并不充分，关于翻译市场构成要素的分析比较有限。田传茂教授（2019：82-85）在《中国翻译市场发展60年研究》一书中将翻译市场要素分为客体要素和主体要素。客体要素主要包括翻译要素、实体要素、经济要素、服务要素等。翻译要素指与翻译活动紧密相关的要素，例如国家政策法规、翻译的标准原则、翻译过程、翻译策略与方法、翻译质量评估、翻译活动规范与职场道德等。实体要素主要指翻译活动涉及的各种法人实体，例如政府机构、企事业单位、教育培训机构、翻译公司、翻译服务相关开发商、语言咨询机构、翻译需求商等。其中，翻译公司和本地化公司是实体要素中最重要的部分。翻译市场的经济要素主要包括翻译成本、翻译价格、翻译利润、翻译产值、营业额和市场规模。翻译市场的服务要素指为实现翻译或语言服务所需的服务，它主要包括翻译服务管理、翻译技术工具开发、译者培训、市场调研、开发营销等。翻译市场的主体要素主要包括译者、客户、翻译中间人、管理与服务人员、专业辅助人员、翻译市场研究者与管理决策者等。达尼尔·葛岱克（2011：82-97）在《职业翻译与翻译职业》一书中论及翻译市场构成，将焦点聚焦于包括自由译者、翻译公司、翻译中介、调研部门及投机公司、伪翻译公司、语言服务公司和语言学校为主的翻译活动行为主体。这些主体的共同特征就是以商业交易的形式提供翻译和语言服务的活动。由此可见，不论是从狭义角度还是从广义角度，对翻译市场构成要素的分析有助于全面系统地分析翻译市场现状、问题和发展趋势，对刺激市场需求、平衡供需关系、规范市场行为和适应市场发展具有极其重要的意义。

(三)商业翻译市场特征

翻译市场从本质上说属于生产要素市场中的技术市场和信息市场。国内商业翻译市场起步较晚,但发展迅速,与劳动力或金融市场等其他生产要素市场相比呈现以下显著特征。

1. 市场发展水平较低

商业翻译市场发展水平较低,这主要体现在:第一,社会对商业翻译市场认识不足。很长时间以来,翻译一直被视为投入高而附加值低的服务。时至今日,仍有不少人不愿将翻译视为一个独立的产业,对翻译职业化缺乏认识,将职业翻译和英语学习者混为一谈。不少企业产生翻译需求后,没有选择求助专业翻译公司,而是找熟人或内部员工自己解决。此外,翻译从业人员和机构对商业翻译市场的了解与认知也不到位。部分人员或机构法律观念淡薄,缺乏基本的知识产权意识,不够重视商业翻译市场中翻译团队的建设。翻译者对商业翻译市场及翻译发展趋势了解不足,对个人职业生涯欠缺规划。第二,国内商业翻译影响力有限。现在我国翻译市场的规划虽逾百亿元,国内注册的翻译公司有近 3 000 家,但根据我国翻译协会会长在第 17 届世界翻译大会上的发言,真正由国内翻译公司消化的市场比例仅占 10%。国内商业翻译市场尚没有出现具有显著影响力的龙头企业或上市公司。翻译市场业务目前局限性比较大,语言服务市场开发较为有限。国内企业在国际商业翻译活动中参与度仍比较低,国内语言服务商品牌和产品的国际影响力也比较有限。这一点与我国市场机制有待健全以及在国际经济舞台和经济组织中话语权有限有一定的关系。不可否认,与国外相比国内商业翻译市场的发展水平和成熟度还略显不足。第三,商业翻译市场译者准入制度贯彻不力。20 世纪 90 年代以来,国内已有关于译者资格认证的相关测试和评价系统。进入 21 世纪以来,特别是 2008 年以来随着我国全球化进程的不断推进,翻译专业教育和译者相关培训认证发展迅猛,越来越多 MTI 毕业生、BTI 毕业生以及口笔译认证译者进入翻译市场。然而,面对庞大的商业翻译市场,经过正规训练和专业认证的译者仍然难以满足日益增长的市场需求。目前,在商业翻译市场特别是低端市场,仍有不少从业人员和没有资质的小公司存在扰乱市场的行为。翻译欺诈、低劣翻译、恶意竞价、泄露商业机密等违反翻译伦理和职业道德的商业行为时有发生，严重影响了商业翻译市场的健康发展。

2. 市场发展速度快

改革开放四十多年来，中国经济的外向型高速发展有目共睹，国内商业翻译市场也在不断壮大。与国外商业翻译市场相比，国内市场发展在速度和体量上均有出色表现，这主要体现在：第一，市场供需两旺。由于我国外向型经济蓬勃发展，与日俱增的对外经济贸易需要越来越多的语言服务，国内企业国际化扩张和地方文化"走出去"战略也需要专业化、高质量的语言服务。目前国内商业翻译市场呈现两种增长趋势，分别是小语种语言服务业务量激增和科技技术类翻译任务占比不断扩大。从供给侧来看，翻译已经成为外语类专业就业的一个重要方向。2021年7月21日吉林外国语大学承办了主题为"新时代翻译专业教育的高质量发展"的全国翻译专业学位研究生教育年会。会上，全国翻译专业学位研究生教育指导委员会主任委员黄友义指出，无论是国家双循环的经济建设，还是日益复杂的国际斗争，无论是实施"一带一路"建设的需求，还是构建人类命运共同体的使命，无论是加强国际传播能力建设，还是支撑我国更好地参与全球治理，都需要为国家提供急需的多语言、实践型、专业化的翻译人才。近20年来，我国外语人才特别是翻译人才培养在量上迅速增长，在质上稳步提升。整体上看，国内商业翻译市场人才需求和人才供给在可预见的未来会一直保持旺盛的活力。第二，市场规范制度快速健全。国内商业翻译市场虽然起步较晚，但是发展较为迅速，市场规范和约束制度日趋健全。本世纪伊始，由中国翻译协会翻译服务委员会制定、国家质量监督检验检疫总局发布实施的三部翻译服务国家标准，即《翻译服务规范 第1部分：笔译》《翻译服务规范 第2部分：口译》和《翻译服务译文本质量要求》，填补了翻译领域国家标准的空白，开启了中国翻译服务标准化的进程。与此同时，国家有关部门也加大了对翻译从业人员资质的监管与评定。国家人事部先后颁发了《翻译专业资格（水平）考试暂行规定》和《二级、三级翻译专业资格（水平）考试实施办法》，这标志着国家翻译资格考试规定正式施行。2011年，国家外文局发布国内第一部语言服务行业规范《本地化业务基本术语》、系统定义了本地化服务行业的关键术语,例如"全球化""国际化""本地化",并对本地化过程中的服务角色、服务流程、服务要素和相关技术术语做出了规定性描述,规范整顿了语言服务行业的生产流程和服务标准,有力提升了中国语言服务行业的竞争能力和国际形象。为进一步规范语言服务市场,推进行业标准化建设,2019年中国翻译协会在充分调研的基础上,组织编制了《翻译服务培训要求》《翻译服务采购指南 第2部分:口译》及《译员职业道德准则与行为规范》三项标准规范,并于11月9日举行的新中国翻译事业70年论坛暨2019中国翻译协会年会上正式发布。自2018年以来,中国翻译协会开始进行笔译服务认证,这有利于向社会宣传翻译服务要求与评价标准,推动翻译服务机构做大做强,从而推动语言服务行业健康有序发展,促进标准应用与成果转化,推进语言服务国际互认,进而提高我国在语言服务认证国际规则制定方面的参与度和话语权。第三,商业翻译流程不断细化。随着商业翻译市场服务标准和行业规范的健全与完善,翻译微观视角的质量控制也成为翻译学界探讨的焦点话题。国内不少学者围绕翻译流程和业务质量控制展开研究,翻译流程研究在不断深入细化。岳峰教授(2016:64-72)在《目前国内翻译市场中翻译流程探究:问题与对策》一文中指出翻译流程包括18道环节,涵盖译前(译者甄选、文本分类与评估、项目计划、项目准备分析、术语准备、项目团队环节)、译中(翻译、中途质控、审校、专业审校、语言审校、校对环节)、译后(质检、质量评估或报告、质量跟踪反馈、排版、项目总结、语言或知识整理环节)3个阶段。翻译学界的研究成果也正应用于政府监管部门的管理与决策制定,未来国内商业翻译市场会迎来更多微观层面的质量控制标准与规范。

3.知识更新和技术升级速度快

与其他生产要素市场相比,商业翻译市场属于信息市场,其商业交换的对象本身就是知识与信息。与单纯的知识或技术市场不同的是,翻译市场接触的可能是各行各业最前沿的信息知识。商业翻译市场对从业人员特别是译者的要求比较苛刻。早在20世纪80年代就有学者提出市场对翻译使命期待是介绍新知识和传播新信息,新概念并不决定于译者对某个词义的机械选择,而是以他的知识结构和知识积累为前提。在"知识激增"的时代,翻译工作者只有不断追踪现代科学技术的发展,经常更新知识,才能起到传播新知识的桥梁作用(尹希成,1986:40)。同时,由于商业翻译市场覆盖社会各行各业知识,并涉及行业知识的不同深度,市场对译者的要求是翻译精通不同场景的专业知识,并能够根据市场需要在公共知识和专业知识之间自由转换,知识"翻译"将迎来爆发式发展。

此外,翻译覆盖社会各学科各领域,技术翻译始终是商业翻译市场的一个挑战。随着科学技术的加速发展,商业翻译市场会产生海量的技术术语和不断更新的翻译需求。这就要求活跃在不同领域的译者在精通行业知识的同时,还要熟练掌握专业技术,成为半个技术专家。实践决定认识,技术翻译也一直是翻译学界的热门研究话题。新世纪以来,翻译与技术结合日益紧密,机器翻译以及近几年新出现的 AI 翻译正在将翻译学界的研究从技术翻译拓展至翻译技术。技术不再单纯是商业翻译市场关注的对象,更是商业翻译市场发展的手段与条件。在国内商业翻译市场中,技术翻译和翻译技术发展速度远非国外市场可以比拟。国内信息技术服务巨头百度公司向市场推出智能翻译机,实现中英、中日等多种语言一键翻译。腾讯推出了自行研发的翻译软件,采用 NMT(神经网络机器翻译)+语音识别等先进技术,能够实现同声传译功能,支持在手机等移动终端的应用等内容。科大讯飞公司也开发出系列智能翻译产品,可实现中英离线互译。甚至连电商服务的运营商京东集团也开始涉足 AI 翻译领域,开发出实现多国语言实时翻译的翻译设备。目前,机器翻译和 AI 翻译技术已经广泛应用于实际口笔译中,并取得了良好的市场效果。

4. 资源不均衡,市场资源配置能力强大

如前所述,商业翻译属于信息市场,其市场资源分布呈现地区的差异性。这主要表现在商业翻译需求具有明显的差异性、东部沿海地区和对外经济交流活跃的内陆大城市例如北京、成都、重庆、西安等每天都会产生大量的翻译需求。这些城市分布为数众多的商业翻译服务提供商。与之形成鲜明对比的是国内相当数量的三四线城市可能很少有正规意义上的翻译公司,更不用说本地化等语言服务公司。商业翻译市场资源不均衡现象还体现在行业之间。难度较低的商贸、机械、工程、旅游等行业翻译资源分布较为密集，而医药、法律等背景知识系统复杂、准入门槛较高的行业翻译资源缺相对匮乏。面对极不均衡的资源分布，商业翻译市场资源供需配置能力却十分强大。这体现在商业翻译市场配置经常突破空间限制，充分利用网络甚至虚拟仿真手段实现资源配置。同时，商业翻译市场在市场配置过程中有强大的市场退出和利润平衡机制，那些处于劣势而又不甘被淘汰的弱小翻译服务提供商自然重视欠发达地区翻译服务市场，主动满足其需求，而那些处于市场优势地位的大公司也会集中资源开发翻译资源短缺的行业市场以追求行业高利润。由此来看，商业翻译市场的资源分布不均衡现象在一定时间内仍将继续存在。

二、商业翻译产业化

（一）商业翻译产业化定义

作为经济学的重要术语，"产业化"概念源自"产业"一词。后者指的是国民经济的各种生产部门，后来也泛指各种制造提供物质产品、流通手段、服务劳动等的企业或组织。简单地说，产业化指某种产业在市场经济条件下，以行业需求为导向，以实现效益为目标，依靠专业服务和质量管理形成的系列化和品牌化的经营方式和组织形式。依据此定义，实现产业化要满足四个条件：第一，具有市场经济运作模式；第二，达到一定的规模水平；第三，与资金密切相关；第四，以效益为目的。就目前而言，国内商业翻译服务已占很大的市场份额，商业翻译行业的运行模式日益规范健全，并且翻译市场中产生发展的翻译工具几乎被所有职业译者所使用。在《职业翻译与翻译职业》一书中，达尼尔·葛岱克（2011：209-219）共列出了16条翻译产业化的标志，包括翻译业务量的增多、待译材料和文件的标准化、产业化的工作方法、工作流程和组织形式的出现、材料处理和翻译的标准化、特殊翻译工具的研发与应用、质量管理、翻译业务外包、翻译企业集中或分散发展、工薪译者队伍的发展壮大等。因此，商业翻译产业化时代已然到来。经过二十多年的快速发展，翻译产业已经发展成为现代服务业的一个必要组成部分,并呈现出内容多样性、服务社会化、企业专业化、市场规范化和手段信息化的特色。

(二)商业翻译产业化内涵与分类

翻译产业按照覆盖范围可以有狭义与广义之分。狭义的翻译产业即翻译服务产业,以译出的服务或产品为载体,以口译、笔译、手语翻译、计算机辅助翻译、机器翻译等为主要形式。广义的翻译产业不仅包括翻译服务、翻译培训及翻译技术,还应包括文化产业与信息产业中以纸质、网络、影音等形式为媒介的对外文化交流或对外信息内容传播等。从本质上来说,翻译产业是生产服务业,是文化产业,又是信息产业。从内容上来分类,翻译产业也可以进一步分为翻译内容产业、翻译能力产业和翻译技术产业。翻译内容产业主要涉及信息内容转换,包括翻译市场结构、产业集中度、翻译企业策略、翻译企业绩效等。翻译能力产业主要涉及翻译人才及能力培养,包括翻译人才培养模式、翻译人力资源开发等。翻译技术产业涉及翻译设备和翻译处理,包括翻译软件、相关技术研发现状(司显柱、郭小洁,2018:17-30)。

(三)商业翻译产业化的启示

如前所述,商业翻译产业化势不可挡。如何充分理解商业翻译产业化的影响,并顺应这一趋势,因势利导推动产业化发展应成为商业翻译产业化进程中各利益相关方的共识与重任。笔者认为商业翻译产业化发展需要各方做出以下努力:

1. 引导商业翻译行业合作与规模化发展

目前商业翻译市场一个普遍的问题就是小翻译公司甚至无资质的翻译机构大量存在,而有影响力的大型公司却少之又少。这一问题极大地影响国内翻译市场服务质量和对外形象,限制了商业翻译行业产业化速度。解决这一问题需要多方共同努力。翻译公司自身需要扩大国际视野,优化内部管理,强化人力资源培训,提升翻译效率和质量。商业翻译行会组织要健全自身制度,扩大影响力,积极引导、促成不同规模和业务重点的翻译公司加强沟通交流,甚至采用股份合作的形式实现联合发展。政府主管部门要加强对翻译公司的管理力度，引导这些翻译公司积极参与国家和地方政治经济建设，不断提升公司治理能力，稳步增强国际竞争力。

2. 加强行业监管，保护合法利益

长期以来，由于行业监管缺位，商业翻译市场处于效率低下的无序竞争之中，翻译市场报价被人为压低，致使整个行业处于不健康的恶性循环之中。同时，译者的地位和利益也得不到保障，部分优秀译者转行退出商业翻译市场。此外，当前的商业翻译市场知识产权侵权现象时有发生，严重损害了原译者利益，挫败了他们的积极性，对整个商业翻译市场发出了错误的导向。目前中国翻译协会等行业组织已经出台了一系列翻译行业规范文件，但是目前政策的落实和执行仍不到位，主要因为缺少具有执行效力的政府部门的参与。另外，具有一定规模和市场影响力的大型翻译公司也应该行动起来，通过由翻译公司共同组建的行业组织对市场行为发挥引导、干预和约束作用，这对于保护译者权益、消费者利益和稳定市场发展具有不可替代的重要作用。

3. 严格市场准入，规范译者管理

除了强化翻译公司等组织管理，商业翻译市场还应考虑加强对译者的管理。商业翻译市场应形成较为完善的市场准入机制，确保所有进入市场的译者具有相应的职业资格。这一点需要市场与翻译人才培养机构对接，使得职业资格考核成为职前教育的一部分。对于已入市场的译者，各地各级翻译行会组织应建立完善的译者个人档案信息，并在译者隶属关系发生变动后实现信息有效交流共享。翻译协会、语言服务公司联合会等行会组织应定期组织面向译者的业务进修和职业素养培训，不断提升其行业知识和职场综合素质，以适应复杂多变的翻译市场需求。以翻译公司为主要力量的商业翻译市场应该逐步建立完善的译者考核评价机制，并努力保证考核评价多维表述、动态监控、过程评价、多方参与和数据共享，由此有效提升商业翻译市场译者的整体素质和业务水平。

4. 强化翻译能力培养，提升人才供给质量

翻译市场人力资源建设是多方参与的系统性工程。在商业翻译产业化背景下，

翻译人员的培养需要有更加开阔的思路和更广泛的参与。鉴于商业翻译产业化的快速发展，国内职业技术学院应开设翻译专业教育，重视翻译职业能力培养，推动翻译教学的应用型发展。翻译协会、翻译公司联合会等行业组织应加强入职后译者的职后教育，重视译者职业能力的培养。翻译公司也要通过校企合作、购买服务外包的形式，不断提升译者自身的职业能力。政府机构为商业翻译市场中的专业培训机构发展提供便利，重视其在翻译市场中的重要作用与地位，并将翻译培训市场的繁荣发展作为积极推动翻译产业化进程的重要目标之一。

三、商业翻译机器化

（一）机器翻译概念及发展阶段

机器翻译，又称自动翻译，指借助计算机程序以文字输出或语音输出的形式将一种语言转换为另一种语言的过程。机器翻译起源于20世纪30年代，大致经历了萌芽期（1947—1964）、萧条期（1964—1975）、复苏期（1975—1989）和繁荣期（1990年之后）。其发展历程代表着机翻模式的三个阶段，即基于规则的机器翻译、基于统计的机器翻译和基于神经的机器翻译。

基于规则的机器翻译指将词典和规则库作为知识源的翻译方法，翻译单位的选取一般小到单词和词组。这里的规则主要是词法、句法、短语规则和转换生成语法。计算机会根据原语言单词的词性，在译入语词典中找到相应的单词，然后依照语法规则和转换规则将句子成分重组，进而输出译入语。此种机器翻译主要包括直接翻译、结构转换翻译和中间语翻译三种类型。一个典型的基于转换规则的机器翻译过程可以描述为"独立分析—独立生成—相关转换"的方法，完整的机器翻译过程可以分成六个步骤：第一，原语词法分析；第二，原语句法分；第三，原语—译入语词汇转换；第四，原语—译入语结构转换；第五，译入语句法生成；第六，译入语词法生成。每一个步骤都是通过相应的翻译规则来完成。这种翻译方法相对机械，因为规则是有限的，而语言的表达方式是无限的，通过这种翻译方法得出的译文本出错率往往较高，句式较死板僵硬，很多时候语法上正确的译文本不符合译入语的表达习惯，有限的语法规则也无法满足越来越丰富的语言场景。因此，这种最初级的机器翻译方法注定无法走得很远。

基于统计的机器翻译指通过对大量的平行语料进行统计分析，构建统计翻译模型，进而使用此模型进行翻译。在此种翻译模式下，计算机对于翻译单位的选择更加灵活，甚至可以大到句子或者语篇。这种翻译方法基于类比的原则，从语料库中找出与翻译单位对应的多种译文本，通过统计其出现的概率和使用的频率，选取概率和频率最高的译入语片段进行输出。越来越多的互联网和软件公司都推出了基于统计的在线机器翻译系统，例如谷歌的多语言在线机器翻译系统 Google 翻译、微软的多语言在线机器翻译系统"必应"和雅虎的多语言在线机器翻译系统 Yahoo! Babel Fish。然而，这种翻译方法不需要任何翻译学的知识，完全依靠数学原理解决翻译问题，认为数据就是权威，忽略了对语言的理解和语义的考量。

2013 年来，随着深度学习的研究取得较大进展，基于人工神经网络的机器翻译逐渐兴起。基于人工神经网络的机器翻译指神经网络通过广泛学习成对的双语语料和翻译知识，了解语言的特征，在翻译过程中通过建模将语言文字转换为计算机能"读懂"的向量，进而"理解"文本的意思，最后输出翻译结果。一种语言的句子被向量化之后，在网络中层层传递，转化为计算机可以"理解"的表示形式，再经过多层复杂的传导运算，生成另一种语言的译文本。随着人工智能的崛起，这种翻译方法近年来得到了飞速发展，与之前单纯的"对应"不同，该方法重在"理解"，实现了"理解语言，生成译文本"的翻译方式。这种翻译方法最大的优势在于译文本流畅，更加符合语法规范，容易理解。相比之前的翻译技术，质量有"跃进式"的提升（许罗迈，2007：157）。

（二）机器翻译所面临的问题

随着机器翻译的不断升级和快速普及，机器翻译在一定程度上已经替代了人工翻译。这一趋势对于翻译任务的发布方或翻译人员雇佣方来说无疑大大节省了成本，而对于翻译人员来说极大地威胁了他们的工作和生计。客观地说，机器翻译相对于人工翻译，使用方便，随时工作，多种语言随时切换，工作质量不受时间和地点的限制，拥有较高的便捷性和高效性；但机器翻译也有其致命的缺陷，主要体现在：第一，在工作中无法理解原语及译入语文化，无法在翻译过程中传递文化信息，满足文化需求。这也是相当一部分机器翻译失误的主要原因。机器总归是机器，而文化是人类的有意识创造。机器翻译甚至是人工智能翻译在短时间内很难弥补文化信息的缺失。第二，机器翻译往往脱离特定语境。跳出语境的翻译如无本之木，必将失去其活力。在笔译方面，机器翻译文本经常生硬隐晦，前言不搭后语，读起来生涩拗口，很难再现原文本的美感。在口译方面，机器翻译往往忽视口语体特征，语调单一，完全丧失音律与节奏的意韵。第三，机器翻译文本没有感情，欠缺说服功能和呼唤功能。根据文本类型理论，文本功能分为信息功能、说服功能、呼唤功能等。口笔译翻译讲求功能对等，机器翻译很难将原文中的情感和观点传递给译文本读者或听众，很难保证他们拥有和原文本读者或听众一样的情感体验。第四，机器翻译过度依赖平行语料库。根据机器翻译的原理，目前机器翻译更新升级主要取决于平行语料库的建设进度。在不同领域平行语料库的建设进度各不相同，例如工程翻译、法律翻译等社会需求强烈的领域，其平行语料库较为丰富，其他领域可能就存在语料库建设迟缓或资料空缺等现象。

（三）商业翻译中的机器翻译发展

1. 机器翻译可能性

机器翻译已被广泛应用于商业翻译中，并有望成为商业翻译的主要方式，这主要是因为：第一，商业翻译多为实用文体，文本多涉及实用领域，语料丰富，积累速度较快，文本内容相近，程序相似，文本重合程度高。第二，商业翻译受众对译文本的评价较为宽容。商业翻译具有很高的趋利性，翻译参与各方更加关注的是商业利润的最大化和商业目的的实现。商业翻译各参与方对商业翻译文本以达意易懂为首要价值诉求，因此商业翻译受众更易于包容机器翻译在选词、句式结构上的瑕疵。第三，与文学翻译相比，商业翻译审美需求没有那么强烈，商业译事行为主体情感表达和诉求并不那么高。第四，巨大的市场需求是机器翻译技术不断革新和进步的内在动力。目前机器翻译在短短的10年内已经发生了根本性的质变,广阔的市场期待和雄厚的资本投入一定能够有力推动机器翻译技术发展,实现更为广泛有效的商业应用。

2. 机器翻译必要性

从长远来看,机器翻译在商业翻译中有其推广的必要性,这主要是因为:第一,商业翻译是以追求利润最大化为主要动机,机器翻译与人工翻译相比可以大大节省成本开支;第二,机器翻译能够更有效保证商业机密的完整性,确保商业公司独立完成翻译任务,大大提升翻译活动的可控性;第三,机器翻译比人工翻译效率要高,可以有效提高商业活动的效率,因此,在翻译质量差别不大的前提下,商业公司一般会考虑机器翻译以节省时间;第四,机器翻译不受时空限制,先进完善的语音传送加工系统可以克服时空差别给人工翻译带来的困难和挑战。

3. 机器翻译挑战性

应用在商业翻译中的机器翻译不断高速发展,给整个商业翻译领域带来了生机与压力,其快速发展的同时也面临着困难和挑战。机器翻译的使用意味着人工翻译需求的减少,对从事商业翻译的译者而言就是工作机会的丧失。机器翻译智能化程度还没有达到可以和人工译者相媲美的程度,在一些应变能力要求较高的场合,机器翻译无法胜任,这可能会为商业活动的参与方带来损失甚至是纠纷。此外,与文学类翻译不同,商业翻译的知识产权意识更强烈,由知识产权引发的法律纠纷并不少见。同时,商业翻译涉及跨国文化交流,容易因为文化、宗教信仰甚至是政治见解不和招致公关危机。机器翻译的翻译主体尚界定不清,一旦因为译文本发生侵权行为,商业翻译委托方或翻译软件的设计方等主体可能就会由于法律责任的追究或损失的赔付产生纠纷。

4. 商业翻译中的人机互补

由于商业翻译涉及领域广,翻译任务复杂,翻译场合多样化,在可预见的未来机器翻译不可能完全替代人工翻译。事实上,商业翻译已经开始采用人机互补的模式。例如,跨境电商平台销售商品,一些商品信息和销售流程信息都已经自动生成;在一些商业咨询网站上,客户可以填写母语信息,自动生成对应外语信息;在商务会议中,参会者会配有专业的翻译软件或工具,将一些财经新闻或资料文件自动转化为参会者母语,以供参考。在上述这些场合,除了机器翻译,译者仍然需要参与其中。一般来说,人机互补有以下几种情形:第一,简单翻译与复杂翻译的互补。就目前而言,机器翻译在处理较为简单的句、段方面表现已经非常出色,因此机器翻译可以将人工译者从简单翻译的工作中解放出来,让其能更好地投入复杂困难的翻译任务。第二,新旧翻译任务的互补。由于机器翻译具有很强的学习能力,在某些平行语料缺乏的翻译语境下,商业翻译各参与方可以考虑由人工翻译先行工作,再由机器翻译进行重复性的翻译操作。这样既可以保证翻译的正确性,又可以避免重复劳动的问题。第三,翻译场景的互补。机器翻译目前可以胜任较为宽松的翻译任务,而对于应变能力要求较高、专业性较强的场合,人工翻译会更胜一筹。

四、翻译项目管理

(一)翻译项目管理定义

随着全球经济一体化的不断推进,跨国商业活动日益复杂,以团队为主、以项目为单位的商业活动运行方式也日益增多。随之而来的商业翻译活动也出现项目管理和运行的需求。项目管理通常被认为是二战后的产物。在初期,这一现象多出现在国防和军工项目中。随着项目管理的不断流行,世界上主要形成了两个项目管理体系,即以欧洲为首的国际项目管理协会和以美国为首的美国项目管理协会。自20世纪60年代以来,项目管理理论研究一方面向学科化方向发展,不断吸收各学科优势,自成一体,另一方面在向应用化方向发展。翻译项目管理借用了管理学中的项目管理概念,指接受客户委托进行的专著、教材、合同、论文、说明书、产品介绍等英汉或汉英文字转换事宜,任务重、要求高、社会影响大(张政,2002:65-72)。

(二)翻译项目管理特征

翻译项目管理是项目管理理论的一个重要分支和应用,具有翻译理论与实践研究的独特个性。总的来说,翻译项目管理具有五个特征:第一,目标的确定性。这主要指翻译项目在时间、具体成果和现有资源上是确定的,这是项目开展的基础和条件。第二,组织结构的不稳定性。翻译项目组织结构并不像公司架构那么清晰稳定,项目组成员间管理方式较为单一,成员组成和职权分配也是临时开放的。第三,翻译项目的主要需求者目前多为跨国大企业。就目前而言,跨国企业在进入海外市场时急需通过翻译本地化项目运营提高产品进入国外市场的效率。第四,翻译项目的关联性和完整性。翻译项目在运行中的所有活动互相联系,不可分割,任何环节的问题都会影响整个翻译项目的运行。第五,翻译公司日益成为翻译项目实施主体。随着商业活动的不断推进,语言文本的翻译量在不断增加,翻译任务也变得复杂多元。这种情况下,翻译项目的外包成为越来越多的公司的选择。相比公司自有的翻译团队,翻译公司实力更强,项目管理经验更丰富,技术手段运用更加灵活,翻译软件及数据库资源掌握更充分。

(三)翻译项目流程

现代管理学认为项目管理过程可以分为启动阶段、规划阶段、执行阶段、监控阶段和收尾阶段。翻译项目管理可以分为规划制定阶段、生产阶段和项目后期评审阶段。也有学者将翻译项目管理粗略分为译前、译中和译后三个阶段。笔者认为,鉴于翻译项目的日趋复杂性,有必要对翻译项目管理过程进行仔细梳理,加以分析。国内知名学者王华树(2012:46-137)在《翻译项目管理实务》一书中将翻译项目管理分为启动阶段、计划阶段、实施阶段和收尾阶段。启动阶段主要涉及项目分析、评估和获取管理,计划阶段主要涵盖项目信息管理、基准管理和启动会议管理,项目实施阶段则包括项目的执行、跟踪与提交,项目收尾阶段关乎项目的审核、满意度调查和项目总结。

(四)翻译项目的新形态

随着互联网技术的快速发展和自媒体、社交软件的广泛应用,翻译项目发展也出现了新的方向与形态。其中,"众包翻译"就是时下比较热门的翻译项目化模式。众包理念来自源于美国计算机杂志《连线》记者 Jeff Howe 提出的"众包"商业模式,即将过去由企业或机构中特定人员执行的任务,以公开招募的方式外包给一个非特定的社群。众包翻译指"由公司或机构发起并在一定网络平台上进行的协作翻译,而参与者不完全基于经济动机进行协作式翻译"(Jiménez-Crespo, 2017:25)。与传统翻译模式相比,众包翻译具有突出的个性。在流程上众包翻译业务流程不再局限于"翻译—译审—发表"线性的进展模式,而是在上述环节上同步进行,且动态可逆互动。众包翻译的参与者不再局限于传统意义上的职业译者,译者与非译者之间的专业界限变得模糊,译者的身份和背景也变得更加多元化。

(五)翻译项目管理对策

随着我国全球化进程的不断推进和中国企业海外业务拓展速度的加快,越来越多的中国企业面临着翻译项目多头并行、翻译工作量大、翻译周期短、中文与英语无缝切换、英语与小语种的专业性转换、小语种扎推等复杂局面。商业翻译活动各参与方对翻译质量的要求也越来越高。这些都要求商业翻译中的翻译项目管理要更加科学化和高效化。参考国内研究成果,并结合个人工作经历,笔者提出优化翻译项目管理的对策如下:

1. 完善项目管理负责人制度

就目前来说,翻译项目管理存在负责人不明确、负责人权责不清、管理机制不健全、分工不具体等项目管理初级阶段的常见问题。要解决这些问题,就需进一步深化项目管理,健全机制和划分权责。因此,翻译项目管理特别是非外包翻译项目管理应设立项目负责人制,由项目负责人统筹整体协调。企业负责人应给予翻译项目负责人足够的自主权,对翻译项目负责人实行垂直管理,以便协调与市场、销售、人力资源、售后质控等不同部门之间的合作关系,并保证翻译项目的运行不受其他部门的干涉与限制。

2. 健全翻译质量内部和外部监控

建立项目文件台账制度,全程跟踪每份文件的状态,在企业自身项目管理组健全内部管理机制，细化项目组分工，采用交叉译审、校对，把关译文本质量，保证项目进度，强化"译前—译中—译后"全过程的译文本质量管控。同时，企业负责人要充分利用企业资源和行业资源，建立企业外部翻译项目质量监控系统。因为商业翻译项目涉及商业机密，企业外的质量监控确实风险较高、难度较大。有条件的企业可以通过子公司外部监控、校企合作高校质量评估等多种办法实现翻译项目的外部质量监控和评价。

3. 整合翻译资源，提升运行能力与效率

企业翻译项目负责人乃至企业负责人要充分整合翻译资源，考虑在行业内共享专业术语语料库和词汇表，交流专业的翻译人才，规范专业术语的行业翻译，在一些翻译场合，例如行业展会等，展开跨公司翻译分工，提高翻译效率和质量。不同企业尤其是产业链上下游企业形成翻译资源和语言服务的顺承传递关系，实现语言服务对企业业务业绩的正向推动效应。

4. 加大校企合作，寻求高校智力支持

深度有效的校企合作可以为企业翻译项目运行提供强劲的动力。在设备软件方面，企业翻译项目管理可以根据自身条件选择借用或共享翻译设备和翻译软件，可以借助高校力量不断更新和维护行业专业数据库。企业可以通过建设高校学生实习实训基地吸引优秀学生课外实践，充实自己的翻译项目运营队伍，也可以通过校企合作邀请高校优秀师资来企业讲学，提升企业翻译项目组业务能力，或派遣项目组成员到高校进修，提升个人翻译水平和语言能力。同时，企业和高校还可以通过横向课题的方式就行业翻译项目运行中遇到的工程技术问题、理论问题、翻译技巧问题等展开系统的合作，在软件开发、理论研究、技术应用等方面谋求共赢式发展。

5. 持续加强翻译项目人力资源建设

企业特别是大型企业要积极打造国际化水准翻译人才和优质的翻译项目团队，做好语言人才贮备，努力培养通晓中文和外语沟通技巧和语言文化知识，又具有深厚的行业教育背景或技术背景的专门人才。翻译项目成员要能够高效展开合作，及时沟通项目问题，充分了解客户需求，满足项目和客户对语言服务的高要求。在人力资源管理上，企业要夯实项目人员基本的语言素养，提升专业的技术背景知识，培养具有市场洞察力和职业敏锐性的翻译人才。

参考文献

[1] Baker, M. *Encyclopedia of Translation Studies*[M]. London & New York: Routledge, 1998.

[2] Beaugrande, R. D. & Dressler, W. *Introduction to Text Linguistics*[M]. London: Longman, 1981.

[3] Bell, R. T. *Translation and Translating: Theory and Practice*[M]. London & New York: Longman, 1991.

[4] Berman, B. A. & Heyvaert, S. *The Experience of the Foreign: Culture and Translation in Romantic Germany*[M]. New York: State University of New York Press, 1992.

[5] Catford, J. C. *A Linguistic Theory of Translation: An Essay in Applied Linguistics*[M]. Cambridge: Oxford University Press, 1965.

[6] Chesterman, A. Proposal for a Hieronymic Oath[J]. *The Translator*, 2001, 7(2): 139-154.

[7] Chesterman, A. Teaching Strategies for Emancipatory Translation[A]. Developing Translation Competence[C]. Amsterdam: John Benjamins Publishing Company, 2000.

[8] Cronin, M. *Translation in the Digital Age*[M]. London: Routledge, 2012.

[9] Göpferich, S. & Jääskeläinen, R. Process Research into the Development of Translation Competence: Where Are We, and Where Do We Need to Go[J]. *Across Languages & Cultures*, 2009, 10(2): 169-191.

[10] Hatim, B. *The Translator as Communicator*[M]. London: Routledge, 1997.

[11] Hermans, T. The Translator's Voice in Translated Narrative[J]. *Target International Journal of Translation Studies*, 1996, 8(1): 23-48.

[12] Hoffman, R. R. The Cognitive Psychology of Expertise and the Domain of

Interpreting[J]. *Interpreting*, 1997, 2(1): 189-230.

[13] Holmes, J. S. *Translated! Papers on Literary Translation and Translation Studies*[M]. Boston: Brill Rodopi, 1988.

[14] Holz-Mänttäri, J. *Translatorisches Handeln: Theorie und Methode*[M]. Helsinki: Suomalainene Tiedeakatemia, 1984.

[15] Jakobson, R. On Linguistic Aspects of Translation[D]. Cambridge: Harvard University Press, 1959.

[16] Jiménez-Crespo, M. A.Crowdsourcing and Online Collaborative Translations: Expanding the limits of Translation Studies[D]. Amsterdam: John Benjamins Publishing Company, 2017.

[17] Kelly, D. *A Handbook for Translator Trainers: A Guide to Reflective Practice*[M]. Manchester: St.Jerome Publishing, 2005.

[18] Kiraly, D. From Instruction to Collaborative Construction: A Passing Fad or the Promise of A Paradigm Shift in Translator Education?[A]. Kent: Kent State University Press, 2000.

[19] Lefevere, A. *Translation, History and Culture*[M]. Shanghai: Shanghai Foreign Language Education Press, 2010.

[20] Neubert, A. *Competence in Language, in Languages, and in Translation*[M]. Amsterdam: John Benjamins Publishing Company, 2000.

[21] Nida, E. A. & Taber, C. R. *The Theory and Practice of Translation*[M]. Leiden: E.J.Brill, 1969.

[22] Orozco, M. & Albir, A. H. Measuring Translation Competence Acquisition[J]. *Meta: Translators' Journal*, 2002, 47(3): 375-402.

[23] PACTE Group. *Building a Translation Competence Model*[M]. Amsterdam: John Benjamins Publishing Company, 2003.

[24] Presas, M. *Bilingual Competence and Translation Competence*[M]. Amsterdam: John Benjamins Publishing Company, 2000.

[25] Pym, A. *Method in Translation History*[M]. Manchester: St.Jerome Publishing, 2007.

[26] Reiss, K. *Translation Criticism: The Potentials and Limitations*[M]. Manchester: St. Jerome Publishing, 2000.

[27] Robinson, D. *Western Translation Theory: From Herodotus to Nietzsche*[M]. Beijing: Foreign Language Teaching and Research Press, 2006.

[28] Toury, G. *Descriptive Translation Studies and Beyond*[M]. Amsterdam: John Benjamins Publishing Company, 1995.

[29] Toury, G. Monitoring Discourse Transfer: A Test-case for a Developmental Model of Translation[A]. Tübingen: Gunter Narr Verlag, 1986.

[30] Tymoczko, M. & Gentzler, E. *Translation and Power*[M]. Amherst: University of Massachusetts Press, 2002.

[31] Tymoczko, M & Gentzler, E. *Translation, Resistance, Activism*[M]. Amherst: University of Massachusetts Press, 2010.

[32] Tytler, A. F. *Essay on the Principles of Translation*[M]. Beijing: Foreign Language Teaching and Research Press, 2007.

[33] Venuti, L. *The Translator's Invisibility: A History of Translation*[M]. Shanghai: Shanghai Foreign Language Education Press, 2004.

[34] Williams, J. & Chesterman, A. *The Map: A Beginner's Guide to Doing Research in Translation Studies*[M]. Shanghai: Shanghai Foreign Language Education Press, 2004.

[35] Wilss, W. *The Science of Translation: Problems and Methods*[M]. Beijing: Foreign Language Teaching and Research Press, 2001.

[36] 巴尔胡达罗夫著，蔡毅译.语言与翻译[M].北京：中国对外翻译出版公司，1985.

[37] 巴克拉捷.近代德国资产阶级哲学史纲要[M].北京：中国社会科学出版社，1980.

[38] 包惠南.文化语境与语言翻译[M].北京：中国对外翻译出版公司，2001.

[39] 鲍桑葵著，李步楼译.美学史[M].北京：商务印书馆，2016.

[40] 贝尔.翻译与翻译过程：理论与实践[M].北京：外语教学与研究出版社，2005.

[41] 曹明伦. 翻译之道：理论与实践 [M]. 石家庄：河北大学出版社，2007.

[42] 陈刚. 旅游翻译与涉外导游 [M]. 北京：中国对外翻译出版公司，2004.

[43] 陈浩东. 翻译心理学 [M]. 北京：北京大学出版社，2013.

[44] 陈宏薇. 汉英翻译教程 [M]. 上海：上海外语教育出版社，1997.

[45] 陈新汉. 审美认识机制论 [M]. 上海：华东师范大学出版社，2002.

[46] 陈锌. 阅读心理转换是文艺翻译再创作的基础 [J]. 北京师范大学学报，1987，5(11)：63-65.

[47] 陈志杰，吕俊. 社会规范与译者价值创造 [J]. 外语与外语教学，2010(1)：69-73.

[48] 程平. 论文化融合与翻译的价值取向 [J]. 湖南社会科学，2001(2)：85-86.

[49] 丁美云. 浅谈商业美学 [J]. 江苏商论，1991(10)：42-44.

[50] 方梦之. 对比语言学与翻译 [J]. 中国科技翻译，1993，6(3)：9-10.

[51] 方梦之. 中国译学大辞典 [M]. 上海：上海外语教育出版社，2011.

[52] 方梦之. 译者的工作心理 [J]. 外语与外语教学，1999(12)：40-57.

[53] 费道罗夫. 翻译理论概要 [M]. 北京：中华书局，1955.

[54] 费尔迪南·德·索绪尔. 普通语言学教程 [M]. 北京：商务印书馆，1980.

[55] 冯全功. 从认知视角试论翻译能力的构成 [J]. 外语教学，2010，31(6)：110-113.

[56] 傅仲选. 实用翻译美学 [M]. 上海：上海外语教育出版社，1993.

[57] 高雷. 翻译价值论 [M]. 北京：中国社会科学出版社，2016.

[58] 高雷. 论翻译价值的特性 [J]. 当代外语研究，2012(8)：62-78.

[59] 高隆昌，卢淑和，李宗昉. 思维科学概论 [M]. 成都：西南交通大学出版社，2004.

[60] 高学功. 小微企业发展中存在问题及对策研究 [J]. 商场现代化，2019(20)：105-106.

[61] 葛厚伟，郑娜，赵宁霞. 翻译伦理学概论 [M]. 成都：电子科技大学出版社，2017.

[62] 龚群. 现代伦理学 [M]. 北京：中国人民大学出版社，2019.

[63] 郭建中. 当代美国翻译理论 [M]. 武汉：湖北教育出版社，2000.

[64] 韩洪举. 论林纾翻译小说的爱国动机 [J]. 郑州轻工业学院学报 (社会科学版)，2002，3(2)：9-12.

[65] 韩晓. 从翻译能力到职业能力：译员从业能力再思考 [J]. 集美大学学报 (哲学社会科学版)，2014(1)：102-108.

[66] 胡安江. 翻译专业教学管理与人才培养：新趋势、新变局与新思路 [J]. 中国翻译，2021(1)：68-191.

[67] 胡安江. 妥协与变形——从"误译"现象看传统翻译批评模式的理论缺陷 [J]. 四川外语学院学报，2005，21(3)：121-125.

[68] 胡庚申. 翻译适应选择论 [M]. 武汉：湖北教育出版社，2004.

[69] 胡庚申. 生态翻译学：建构与诠释 [M]. 北京：商务印书馆，2013.

[70] 胡适. 胡适全集 (第 42 卷)[M]. 合肥：安徽教育出版社，2003.

[71] 胡婷婷，张德让. 内外皆宜 两全其美——从三篇爱尔兰小说的翻译看郁达夫的翻译选材动机 [J]. 天津外国语学院学报，2004，11(5)：35-39.

[72] 黄忠廉. 翻译本质论 [M]. 武汉：华中师范大学出版社，2000.

[73] 黄燕芸，余荣琦. 译者主体性困境与翻译主体性建构 [J]. 山东农业工程学院学报，2020，37（4）：99-101.

[74] 汉斯 - 格奥尔格·加达默尔著，夏镇平，宋建平译. 哲学解释学 [M]. 上海译文本出版社，2004.

[75] 姜秋霞. 心理同构与美的共识——兼谈文学作品复译 [J]. 外语与外语教学，1997(1)：40-55.

[76] 姜秋霞，权晓辉. 翻译能力与翻译行为关系的理论假设 [J]. 中国翻译，2002，23(6)：11-15.

[77] 蒋骁华. 关于"翻译生态环境"的新思考 [J]. 外语与翻译，2019(3)：19-98.

[78] 焦鹏帅. 西方翻译教学研究及中国翻译教学成果国际化——韦努蒂编著《翻译教学：教学计划、课程设置和教学法》(2017) 介评. 上海翻译，2018(6)：89-92.

[79] 柯平. 英汉与汉英翻译教程 [M]. 北京：北京大学出版社，1993.

[80] 克罗齐. 美学原理 美学纲要 [M]. 北京：外国文学出版社，1983.

[81] 黎运汉. 商务语言教程 [M]. 广州：暨南大学出版社，2005.

[82] 李德顺. 价值论 [M]. 北京：中国人民大学出版社，2013.

[83] 李怀斌，于宁，张闯. 服务营销学教程 [M]. 大连：东北财经大学出版社，2010.

[84] 李洁. 中国当代翻译美学发展的回顾与思考 [J]. 中国人民大学学报，2007(5)：139-145.

[85] 李琳娜. 我国新时代翻译价值探析 [J]. 上海翻译，2018(3)：12-14.

[86] 李明. 商务资讯翻译 [M]. 上海：上海交通大学出版社，2020.

[87] 李奕，刘源甫. 翻译心理学概论 [M]. 北京：北京交通大学出版社，2008.

[88] 李智. 当代翻译美学原理 [M]. 北京：知识产权出版社，2013.

[89] 梁慧星. 民法总论 [M]. 北京：法律出版社，2017.

[90] 梁志坚. 意识形态对安徒生童话译介的操纵——以《卖火柴的女孩》中文译本为例 [J]. 中国翻译，2006，27(1)：27-31.

[91] 林语堂. 翻译论 [M]. 上海：光华书局，1933.

[92] 刘法公. 商贸汉英翻译的原则探索 [J]. 中国翻译，2002，23(1)：44-48.

[93] 刘军平. 西方翻译理论通史 [M]. 武汉：武汉大学出版社，2009.

[94] 刘宓庆. 翻译教学：实务与理论 [M]. 北京：中国对外翻译出版社，2003.

[95] 刘宓庆. 翻译美学导论 [M]. 北京：中国对外翻译出版公司，2005.

[96] 刘宓庆. 文体与翻译 [M]. 北京：中国对外翻译出版公司，2007.

[97] 刘云虹. 翻译的挑战与批评的责任——中国文学对外译介语境下的翻译批评 [J]. 中国外语，2014(05)：88-95.

[99] 刘云虹，许钧. 翻译的定位与翻译价值的把握——关于翻译价值的对谈 [J]. 中国翻译，2017(6)：54-61.

[100] 卢卫中，陈慧. 翻译技术与专业翻译人才培养 [J]. 外语电化教学，2014(3)：62-67.

[101] 罗选民. 关于翻译与中国现代性的思考 [J]. 中国外语，2012(2)：1-6.

[102] 吕航. 关于建立翻译心理学的构想 [J]. 外语研究，2000(3)：29-31.

[103] 吕俊. 价值哲学与翻译批评学 [J]. 外国语（上海外国语大学学报），2006(1)：52-59.

[104] 吕俊. 跨越文化障碍 [M]. 南京：东南大学出版社，2001.

[105] 吕俊，侯向群．翻译学：一个建构主义的视角 [M]．上海：上海外语教育出版社，2006．

[106] 马斯洛著，许金声等译．动机与人格 [M]．北京：中国人民大学出版社，2013．

[107] 毛荣贵．翻译美学 [M]．上海：上海交通大学出版社，2005．

[108] 迈克尔·利文斯．市场营销：定义，解释及应用 [M]．北京：人民邮电出版社，2016．

[109] 苗菊．翻译能力研究——构建翻译教学模式的基础 [J]．外语与外语教学，2007(4)：47-50．

[110] 穆雷．中国翻译教学研究 [M]．上海：上海外语教育出版社，1999．

[111] 倪秀华．作为抵抗和行动主义的翻译——《翻译、抵抗、行动主义》述评 [J]．外国语言文学，2013，30(1)：66-71．

[112] 潘文国．当代西方翻译学研究——兼谈"翻译学"的学科性质问题 [J]．中国翻译，2002，23(2)：31-34．

[113] 彭聃龄．普通心理学 [M]．北京：北京师范大学出版社，2019．

[114] 彭萍．本科翻译教学研究 [M]．北京：中央编译出版社，2015．

[115] 彭漪涟．逻辑学大辞典 [M]．上海：上海辞书出版社，2004．

[116] 钱春花．翻译行为的构成体系、影响因素及作用机理研究 [M]．长沙：中南大学出版社，2019．

[117] 沙勇忠，王怀诗．信息伦理论纲 [J]．情报科学，1998(6)：492-497．

[118] 沈苏儒．论信达雅：严复翻译理论研究 [M]．北京：商务印书馆，1998．

[119] 宋霞．实用商务英语翻译 [M]．天津：天津大学出版社，2013．

[120] 苏秦．质量管理 [M]．北京：中国人民大学出版社，2011．

[121] 孙腊枝．论翻译的美学原则 [J]．国际关系学院学报，2006(2)：65-68．

[122] 孙艺风．翻译研究与意识形态：拓展跨文化对话的空间 [J]．中国翻译，2003(5)：6-12．

[123] 陶友兰．我国翻译专业教材建设：理论构建与对策研究 [M]．上海：上海外语教育出版社，2013．

[124] 涂兵兰，胡颖，聂泳华．伦理暧昧：一项关于翻译职业伦理准则的调查 [J]．

外语与翻译，2018(4)：20-26.

[125] 王步丞. 民族心理差异与文学翻译 [J]. 中国翻译，1996(1)：10-14.

[126] 王传英. 从"自然译者"到 PACTE 模型：西方翻译能力研究管窥 [J]. 中国科技翻译，2012，24(5)：32-35.

[127] 王华伟，王华树. 翻译项目管理实务 [M]. 北京：中国对外翻译出版公司，2013.

[128] 王华树. 翻译技术教程 [M]. 北京：商务印书馆，2017.

[129] 王克非. 关于翻译本质的认识 [J]. 外语与外语教学，1997(4)：47-50.

[130] 王少爽，覃江华. 大数据背景下译者技术能力体系建构——《翻译技术教程》评析 [J]. 外语电化教学，2018(1)：90-96.

[131] 王树槐. 翻译教学论 [M]. 上海：上海外语教育出版社，2013.

[132] 王树槐，王若维. 翻译能力的构成因素和发展层次研究 [J]. 外语研究，2008(5)：80-88.

[133] 王晓军. 翻译的美学视野 [J]. 社会科学论坛 (学术研究卷)，2008(11)：130-132.

[134] 韦努蒂. 翻译之耻——通向差异伦理 [M]. 北京：商务印书馆，2019.

[135] 文军. 论以发展翻译能力为中心的课程模式 [J]. 外语与外语教学，2004(8)：49-52.

[136] 文军，李红霞. 以翻译能力为中心的翻译专业本科课程设置研究 [J]. 外语界，2010(2)：2-7.

[137] 吴健安. 市场营销学 [M]. 北京：高等教育出版社，2017.

[138] 吴崑. 商业美学 [M]. 北京：北京交通大学出版社，2013.

[139] 肖维青. 本科翻译专业测试研究 [M]. 北京：人民出版社，2012.

[140] 肖维青，钱家骏. 翻译技术教学研究进展与趋势 (2000—2020)——基于国内外核心期刊论文的对比分析 [J]. 外语界，2021(1)：62-70.

[141] 徐烈炯. 语义学 [M]. 北京：语文出版社，1990.

[142] 徐莉娜. 关于本科生翻译测试的探讨 [J]. 中国翻译，1998(3)：32.

[143] 许罗迈. 基于人工神经网络的机器翻译 [M]. 北京：科学出版社，2007.

[144] 徐育才. 触发 静思 入迷——试论翻译过程中的三种心理态势 [J]. 语言与翻

译，1989(04)：32-36.

[145] 许钧. 翻译价值简论 [J]. 外语与外语教学，2004(1)：35-39.

[146] 颜林海. 翻译审美心理学 [M]. 北京；科学出版社，2015.

[147] 颜林海，孙恺祥. 翻译心理学：亟待承认的一门新兴的交叉性学科 [J]. 川北教育学院学报，2001，11(4)：24-28.

[148] 杨晓荣. 汉译英能力解析 [J]. 中国翻译，2002，23(6)：16-19.

[149] 姚德全，缪秋莎. 商业美学发展过程初探 [J]. 吉林财贸学院学报，1991(2): 5.

[150] 叶朗. 美学原理 [M]. 北京：北京大学出版社，2009.

[151] 俞佳乐. 翻译价值的社会学反思 [J]. 外语教学，2017(3)：96-99.

[152] 袁洪，王济华. 商务翻译实务 [M]. 北京：对外经济贸易大学出版社，2011.

[153] 章海山，罗蔚. 伦理学引论 [M]. 北京：高等教育出版社，2009.

[154] 张梅岗. 论翻译的图式文本 [J]. 中国翻译，2002，23(1)：31-34.

[155] 张美芳. 中国英汉翻译教材研究 [M]. 上海：上海外语教育出版社，2001.

[156] 张培基，喻云根，李宗杰. 英汉翻译教程 [M]. 上海：上海外语教育出版社，2008.

[157] 张培欣. 翻译教学中汉译英笔译能力测试分项评分量表研究 [M]. 厦门：厦门大学出版社，2017.

[158] 章士嵘等编. 认识论辞典 [M]. 长春：吉林人民出版社，1984.

[159] 张政，王赟. MTI项目化翻译教学与翻译能力培养：理论与实践 [J]. 外语界，2020(2)：65-72.

[160] 赵国月. "译者行为批评"几组概念正解——与宋以丰先生商榷 [J]. 北京第二外国语学院学报，2018，40(4)：13-23.

[161] 赵睿. 翻译的美学研究 [M]. 北京：北京理工大学出版社，2017.

[162] 赵田园，李雯，穆雷. 翻译硕士"翻译职业伦理"课程构建研究：基于语言服务市场现状和MTI教学调研的反思 [J]. 外语教育研究前沿，2021(1)：26-88.

[163] 曾剑平. 论有意误译 [J]. 中国科技翻译，2015，28(3)：43-47.

[164] 中国社会科学院语言研究所词典室. 现代汉语词典：第5版 [M]. 北京：商务印书馆，2016.

[165] 仲伟合. 对翻译重新定位与定义应该考虑的几个因素 [J]. 中国翻译, 2015(3): 10-11.

[166] 周领顺. 译者行为批评: 路径探索 [M]. 北京: 商务印书馆, 2014.

[167] 周晓梅. 试论中国文学译介的价值问题 [J]. 小说评论, 2015(1): 78-85.

[168] 朱光潜. 朱光潜全集: 第一卷 [M]. 合肥: 安徽教育出版社, 1987.

[169] 邹振环. 20世纪中国翻译教学史研究简评 [J]. 东方翻译, 2017(4): 44-50.